소녀/기술

13살, 19살, 두 딸에게 전하는
아빠의 생활 잠언

소녀/기술

차새벽 지음

Lifehacks *for the* Girls

지필미디어

들어가는 말

겪어보지 않은 삶에 관한 이야기를 풀어내려면, 엄청난 상상력이 필요합니다.

남자 사람으로 50년을 살아온 제가 소녀들의 삶, 그리고 그들에게 다가올 일상의 문제들을 가늠하며, 어떤 '살아가는 요령'에 관한 글을 쓴다는 것은 정말이지 아이러니가 아닐 수 없습니다. 그것은 마치 소설가 김훈 선생이 여성의 생리 장면을 묘사했던 것처럼 받아들여질 지도 모르겠어요. 그는 자동차 안에서 '뜨거운 생리혈이 갑작스럽게 터져나오는' 상황을 맞이한 중년 여성이, 동생의 도움을 받아 생리대를 착용하는 모습을 긴박한 호흡으로 그렸습니다. 하지만, 생리혈은 뜨겁지도 않고, 갑작스럽게 터져나오지도 않습니다. 생리를 경험한 여성들이라면 누구나 알고 있는 사실입니다. 심지어 작가는 생리대의 사용 방법도 몰랐던 것으로 보입니다. 속옷의 안쪽에 부착해서 '입어야' 하는 생리대를, 속옷을 잘라내서 '붙이는' 것으로 묘사하고 있으니, 경험이 결핍된 상상력이 진실로부터 얼마나 멀어질 수 있는지 잘 보여주는 대표적인 사례가 되었습니다.

남자가 여자의 생리를 말하는 것처럼, 아는 것과 모르는 것들의 영역과 그 경계는 너무나 명확해서, 모르는 것을 알고 말하기 위해서는 그것을 잘 아는 사람들에게 물어봐야 합니다. 그리고 그것은 반드시 용기가 필요합니다. 앞의 소설의 경우, 작가가 여성들에게 조언을 구하는 용기만 내었어도 그런 이상한 오류가 발생하지 않았을 것입니다. 모르는 것은 '모른다'고 말하는 용기가 필요하고, '아는' 사람들에게 물어보는 용기가 필요합니다. 세상은 항상 용기를 낸 사람들을 향해 길을 열어주었습니다.

여성으로서가 아니라 인간으로서, 먼저 세상을 살았던 아빠가 이 책을 쓴 목적은 거기에 있습니다. 《소녀 기술》은 우리 딸들이 앞으로 겪게 될 세상과, 경험하게 될 몇가지 일들에 대해 미리 당부하는 내용입니다. 가보지 않은 모든 길에 대한 경험은 직접 부딪치는 시행착오를 통해서 얻는 것이겠지만, 먼저 그 길을 지나가 본 사람들에게 지혜를 구하고, 그들에게 물어볼 수 있는 용기가 필요하다는 권면이죠. 무엇보다 '누구'에게 물어보는 것이 옳은지, 즉 어떤 사람들에게 지혜를 구하는 것이 적절한지 판단할 수 있는 통찰의 기준을 정리해 두고자 합니다. 그래서 이 책의 마지막 페이지를 덮을 때 우리 딸들이, 누구에게도 흔들리지 않으면서 동시에 어떤 사람의 말도 귀하게 여길 수 있는 사람으로 성숙할 수 있는 작은 토대를 마련한다면, 제게는 참 행복한 일일 것입니다.

세상의 아빠들 대부분이 그다지 지혜롭지 못해서, 부모로서의 삶에 대해서든, 자신의 부모 자격에 대해서든, 아빠가 되는 순간이 다가오기까지는 아무런 준비가 없습니다. 아이가 태어나기 전에 어떻게 하면 좋은 아버지가 될 수 있을까와 같은 진지한 고민과 성찰은 상상 속의 인류에게 가능해 보입니다. 그저 우리들은, 사랑의 결실로 태어난 신비로운 생명에 경탄하며, 모든 것이 서툰 초보 아빠, 그저 열정과 열심으로, 가족을 건사하는 본능으로 정신없는 일상을 보내다가 어느 틈에 다 커버린 자녀와 자신의 사이에 놓인 벽을 마주하며, 지나간 순간들을 아쉬워하는 경우가 대부분이죠.

사실 처음 저의 딸들을 향해 서툰 진심으로 써 내려간 당부의 말 몇 마디를 모아 '소녀 기술'이라는 이름의 책을 엮기로 마음먹었을 때의 호기로움은, 시간이 지날수록 부끄러움과 두려움으로 변하고 있습니다. 그럼에도 아빠라는 이름에 무게를 얹은 본능이 강권하는 그 부끄러움을 오롯이 감당하기로 결심한 것은, 별일 없이 지나가는 축복된 일상들이 지나고 나면 언젠가 반드시 만나게 될 이별의 순간이 있기 때문입니다. 불과 3년 사이에 아버님과 아내의 아버님 두 분과 이 세상에서 이별을 하고 나니 더욱 마음이 급해졌습니다. 들려줘야 할 목소리와 전해야 할 글을 남기지 못한 채로 생의 마지막 시간에, '그 말을 했어야 했는데'라는 후회가 들지 않도록, 그리고 혹시라도 우리 딸들이 어리석은 선택과 잘못된 판단으로 후회하지 않도록, 생을 앞서 겪은 같은 시대의 사람으로서, 그리고 아빠로서 꼭 들려주고 싶은 당부들을 엮고 묶어 책으로 펴내게 되었습니다.

이 책 《소녀 기술》의 대상이 되는 '소녀'는 기본적으로 신체 나이를 바탕으로 어린 여성들을 대상으로 합니다. 80세, 90세가 넘어도 소녀의 마음, 소녀의 감성을 간직하신 어르신들도 분명 계시지만, 이 책은 소녀를 사전적 정의보다 더 좁게 제한했습니다. 아마도 그것은 아빠가 딸에게 전하는 글이라는 형식 때문일 듯합니다. 《표준국어대사전》에서는 아직 완전히 성숙하지 않은 어린 여자아이를 소녀라고 부릅니다. 일반적으로 유아를 벗어나서 청년이 되기 전의 여성이죠. 저는 초등학교 5~6학년에서 고등학교 2~3학년까지에 해당하는 소녀들을 향해 이 글을 쓰고 있습니다. 영미 문화권에서 사용하는 13~19세의 틴 에이지 개념의 소녀들이 대상입니다. 한 사람의 성인으로 온전히 성숙해 나가려면 주변 사람들로부터 절대적인 영향력을 받습니다. 성인들도 마찬가지이지만, 소녀들에게는 일생을 좌우할 수도 있는 유혹의 목소리들이 있습니다. 이 책을 통해 그것의 정체를 파악하고 그 목소리에 넘어가지 않는 지혜를 찾을 수 있기 바랍니다.

이 책의 구성은 다음과 같습니다.

몸과 마음이 급격하게 변하는 소녀 시기에 알아야 할 것들과 실천해야 할 연습을 통해, 나의 딸들이 용기와 지혜를 아우르는 좋은 사람 되기를 희망하며 챕터를 세 개로 구성했습니다.

첫 장은 소녀의 몸에 관한 이야기입니다. 소녀가 맞는 신체의 변화와 성적 성숙, 외모, 월경, 타투 등을 주제로 몸을 이해하고, 받아들이면서 더 적극적으로 우리 몸의 주체가 되는 방법을 찾아보고자 하는 내용입니다.

두 번째 장은 소녀의 마음에 대한 글입니다. 소녀들이 갖는 심리와 정서에 대해, 남녀의 차이, 우울증과 마음의 병, 자존감과 자존심, 가스라이팅과 불안, 행복과 감사 등에 대한 주제를 다뤘습니다.

마지막 세 번째 장은 소녀의 생활을 주제로 소녀를 둘러싼 수많은 관계와 일상에 대해 다뤘습니다. 우리 삶에서 시간과 공간은 어떤 의미인지, 소녀들의 공감, 미디어가 지배하는 세상에서 진실을 찾는 법, 갈등 관리, 사람을 이해하고 판단하는 방법 등 청소년 여성의 생활에서 성장의 지혜를 함께 생각해 보는 장입니다.

어떤 사람이 인생에서 가장 멀고 긴 여행은 '머리에서 가슴까지의 여정'이라고 말했습니다. 냉철한 이성이 따뜻한 감성과 조화되기 어렵다는 것을 뜻하는 말입니다. 그런데, 또 하나의 길고 머나먼 여행이 있다면 그것은 아마도 머리에서 발까지의 여행일 것입니다. 마음먹은 일을 하기 위해 나의 몸을 움직이는 일은 정말 쉬운 것이 아닙니다. 호메로스가 기록한 《오디세이아》에 나오는 구절 "살아가며 나의 손과 발로 이룬 것보다 영광스러운 것이 있으랴"는 말에 숨어있는 놀라운 통찰력은 바로 이것입니다. 이 책을 읽을 나의 딸들이 새롭게 머리부터 발까지의 길고도 긴 여행을 시작할 수 있기를 격려합니다. 그리고 동시에, 그 여행의 중간에는 따뜻한 가슴도 숨쉬고 있음을 깨닫기를 바랍니다.

그리하여 우리의 딸들이 합리적으로 생각하고, 지혜롭게 판단하되, 따뜻한 공감의 시선으로 옳지 않은 것에 맞서며, 아는 것은 함께 나누되 모르는 것은 묻는 용기를 갖길 바랍니다, 그리고 이것들을 이뤄낼 수 있는 건강한 몸과 정신을 가꾸고 지켜나갈 수 있기를 소망하며, 이 책이 세상에 나올 수 있도록 수고해준, 나의 오랜 쌍둥이 벗들, 지필미디어의 김성남 대표, 김성준 부장, 그리고 격려와 추천사로 힘을 주신 첫 독자 김숙이 작가님, 존경하는 TBS 송원섭 PD, 정연주 아나운서께 지면을 빌어 고마움을 전합니다.

처음 본 날부터 지금까지 무척이나 아름다운 아내, 그리고 내년이면 고3과 중학교 신입생이 될 두 딸들이 이 책을 기쁘게 읽어 주기를 희망합니다.

2023년 가을, 차새벽

차례

들어가는 말 · 5

1장 소녀의 몸

1. **몸의 변화에 대해** · 19
   변하는 몸을 주도하는 기술 · 22

2. **외모와 '매력'에 대해** · 25
   좋은 인상, '매력'의 기술 · 28

3. **힘과 근력에 대해** · 31
   '힘'을 키우는 기술 · 34

4. **머리와 신체의 협응에 대해** · 37
   원하는 대로 몸을 움직이는 기술 · 40

5. **목소리와 톤, 얼굴과 인상의 '닮아감'에 대해** · 42
   좋아하며 닮아가는 기술 · 46

6. **남녀 차이, '공감'과 '공간' 지각에 대해** · 48
   다름을 포용하는 기술 · 52

7. **섹스에 대해** · 54
   서로를 지키는 기술 · 57

8. **생리, 달거리와 월경통에 대해** · 60
   통증을 줄이는 기술 · 63

9. **내 몸 캔버스, 타투에 대해** · 66
   후회를 예방하는 기술 · 69

소녀의 마음

1. **감성과 이성에 대해** · 75
   감성이 논리를 품는 기술 · 79

2. **지혜와 지식에 대해** · 82
   지혜를 성장시키는 기술 · 86

3. **'가스라이팅'에 대해** · 88
   '마음 감옥'에서 탈출하는 기술 · 97

4. **우울증과 마음의 병에 대해** · 102
   우울감을 흩뜨리는 기술 · 105

5. **'자존감'과 '자존심'에 대해** · 107
   '나'를 지키는 기술 · 110

6. **'회복탄력성'에 대해** · 113
   마음을 복원해 살리는 기술 · 116

7. **불안감에 대해** · 118
   불안에서 벗어나는 기술 · 123

8. **행복에 대해** · 127
   불행을 삭제하는 기술 · 133

9. **감사하는 방법에 대해** · 137
   '마음 먹기'의 기술 · 141

3장 소녀의 생활

1 공간과 관계들에 대해 · 147
　'나의 공간'을 가늠하는 기술 · 153

2 시간과 행복에 대해 · 156
　과거를 바꾸는, '선택'의 기술 · 160

3 이해한다는 것, 공감에 대해 · 165
　진정으로 이해하는 친구가 되는 기술 · 172

4 미디어와 진실에 대해 · 177
　사실들 속에서 진실을 가려내는 기술 · 184

5 깊이 좋아한다는 것, 사랑에 대해 · 188
　사랑을 지속하는 기술 · 195

6 중독에 대해 · 198
　선한 것에 중독되는 기술 · 203

7 싸움의 기술에 대해 · 210
　갈등 관리의 기술 · 215

8 MBTI, 나와 너의 소통에 대해 · 225
　사람을 이해하는 기술 · 233

소녀의 몸

> 당신의 몸은 당신의 철학보다
> 더 많은 지혜를 품고 있다.
>
> — 니체, 《차라투스트라는 이렇게 말했다》

1
몸의 변화에 대해

　출생 이후 폭발적으로 성장하던 여아의 몸은 2차 성징이 뚜렷해지기 시작하다가 열세 살 전후 월경을 시작으로 성인 여성의 신체적 특징을 갖추게 됩니다. 키와 골격의 성장은 서서히 멈추고, 여성 호르몬인 에스트로겐의 분비를 촉진하죠. 월경은 여성이 더 이상 여자아이가 아님을 말해주는 중대한 신체 변화인 것입니다. 하지만, 여성의 신체가 월경을 시작했다고 바로 임신을 종용하는 사회는 거의 존재하지 않습니다. 신체와 함께 사회적, 정서적 준비과정은 생각보다 오래 걸리기 때문에 대부분의 사회는 스무 살이 넘은 구성원을 성인으로 간주합니다.

미국의 한 연구팀이 DNA분석을 통해, 현생 인류인 호모 사피엔스가 등장한 후로부터 대략 25만 년의 기간동안 여성들의 첫 출산 평균 연령이 대략 23세가량이었음을 밝혔습니다. 그렇기 때문에, 일반적으로 여아가 어른 여성으로서의 신체 변화를 맞아 적응하며 성숙하는 기간이 바로 소녀 시기, 대략 13세에서 19세에 이르는 기간이라고 할 수 있습니다. 게다가 현대는 생존과 번식을 통해 인류의 다음 세대를 이어나가게 하는 수단으로서 여성의 몸이 도구적 쓰임새를 가질 필요는 더욱 없죠. 다시 말해, 인류에게는 더 이상 출산이 여자 몸의 첫 번째 목표가 될 하등의 이유가 없다는 것입니다. 그러므로 남자도 마찬가지겠지만 여자에게 자신의 몸은, 삶의 모든 행복과 가치 실현의 수단으로서 존재해야 합니다.

씨앗이 죽어, 그 자리에서 새싹이 올라오듯 중성적인 몸의 여자아이가 사라진 자리에, 소녀의 몸이 자리를 잡습니다. 항상 하나의 세계가 죽고, 새로운 세계가 탄생하는 이행기에는 번뜩이는 통찰력을 갖추고 자신의 자리와 주변을 세심하게 살피는 사람들이 승리해 왔습니다.

그러므로 나의 몸, 여성의 신체가 성인이 되어가며 어떤 변화를 겪어 왔고, 앞으로 어떤 변화를 겪게 될지, 그리고 어떻게 하면 자신이 원하는 방향으로 자신의 신체를 통제할지 아는 것은 중요합니다. 단지 생명과학 과목의 지식 수준에서 그치는 것이 아니라 더욱 깊게 자신의 몸과 메커니즘을 이해하려는 노력이 필요합니다. 예측하고 있던 범위에서 변화가 발생할 때, 그와 관련된 과정에 대한 이해가 깊을수록 변화는 더 이상 놀라운 것이 아니며, 더욱 자연스럽게 그 변화를 능동적으로 대처할 힘이 강해지기 때문입니다.

변하는 몸을 주도하는 기술

> "당신의 의지로 몸을 일으켜 걸음을 내디딜 때, 온 세계가 당신이 원하는 방향으로 굴러가기 시작할 것"

여러분이 어떤 사람의 MBTI를 듣기만 해도, 이 사람은 어떤 사람일 것이다라는 생각을 하는 것과 마찬가지로 예측의 범위에서 변화를 대처하려면, 사춘기를 전후로 하는 신체의 변화에 대해 관심을 가지고, 이에 대한 지식을 갖추는 것이 중요합니다. 여성들 뿐 아니라 남성들의 신체 변화에 대해서 알아두는 것 또한 필요합니다. 함께 살아가는 세상에서 내가 직접 경험하는 내 몸의 변화와 함께, 이 세상의 절반인 남자들이 어떤 신체 변화를 경험하는지 아는 것만으로도, 사람을 이해하고 타인을 이해하는데 큰 힘이 됩니다.

동성인 성인 여성들과 여러분의 몸, 즉 신체를 주제로 대화를 나누는 것도 좋습니다. 의외로 생각보다 많은 사람들이 자신의 몸에 대해 아는 것이 없다는 사실에 놀라게 됩니다. 다이어트나 몸의 변화에 어울리는 패션 등 보편적인 주제에 대해서조차 사람에 따라 모두 다르게 느끼고 경험합니다.

가장 급격하게 몸이 변화하는 시기에, 몸과 함께 정서도 가장 급격한 변화를 맞게 됩니다. 사람들의 관심과 애정을 바라게 될 수록 우리가 원하는대로 몸이 변하지 않기 때문에, 스스로 많은 혼란과 갈등을 느끼는 시기인 것입니다. 그렇기 때문에 여러분이 일반적으로 여성이 겪는 신체의 변화에 대해 지식을 갖추고, 열린 마음으로 그 이후에 어떻게 했는지 선배 여성들의 경험을 쌓는 것이야말로 '여유'를 축적하는 지름길입니다.

우리들의 몸은 틀림없이 변하고 있고, 그 과정속에 우리들의 삶은 성숙하고 있다는 '진실'을 받아들이는 순간 변화에 저항하는 것이 아니라, 그 변화를 긍정하고, 그에 맞게 미래를 기획할 수 있음을 기억하세요. 젓가락질에 익숙해지는 것도 오랜 시간이 필요하듯이 우리의 결심을, 우리 몸을 통해 성취하는 것은 어렵고 시간이 걸리는 일입니다.

하지만, 여러분이 자신의 몸에 흥미를 갖고 이 변화를 긍정하는 순간, 자신의 세계를 더 사랑하고, 육체를 통해 여러분의 의지를 관철해 낼 수 있는 가능성도 열리는 것이죠.

우리가 가만히 앉아만 있는다 하더라도, 이 순간에도 쉼 없이 자전과 공전을 하고 있는 지구가 매 순간마다 우리를 우주속의 다른 지점으로 데리고 다닙니다. 그렇지만 여러분이 스스로의 의지로 몸을 움직이고 일으켜, 걸음을 내디딜 때, 이 지구와 세상은 여러분의 의지의 방향대로 굴러가기 시작할 것입니다.

2

외모와 '매력'에 대해

생물학적으로 어른이 된다는 것은 이성과의 성관계를 통한 다음 세대의 번식이 가능한 몸으로 성장한다는 말과도 같습니다. 우리말 '어른'이라는 단어도, 남녀의 성관계를 뜻하는 '얼다, 얼우다'에서 유래한 것이고, 영어단어 'adult 어덜트'도 같은 뜻입니다. '성숙한'이라는 뜻을 가진 영단어 'mature 머추어'도 짝 'mate 메이트'와의 번식이 가능할 정도로 성장했다는 관계성을 내포하고 있습니다. 그래서, 사람들의 DNA에는 짝을 찾는 본능이 각인되어 있습니다.

그리고 인간은 생존을 위해 타인과 연합해야 합니다. 하나의 개체로서는 동물 포식자들에 비해 상대적으로 나약하기 때문에 인간이 살아남기 위해서는 공동체가 필요했고, 근력이 약한 여성들은 특히 그렇게 연합하는 것이 더 중요했습니다. 그래서, 마찬가지로 사람들의 DNA에는 타인을 의식하고 탐색하는 생존의 본능 또한 각인되어 있어요.

짝을 찾든, 무리를 이루기 위해서든, 다른 사람들에게 처음부터 미움받고 싶은 사람은 아무도 없기에, 타인의 호감을 얻기 위한 나의 매력을 스스로 탐색하게 되는 것 또한 우리의 본능입니다. 그 과정에서 우리가 가장 먼저 마주하게 되는 것은 상대방에 대한 나의 첫인상을 좌우하는 '외모'라고 할 수 있죠. 시각적으로 가장 지배적인 매력이라 할 수 있는 외모에 우리가 민감하게 느끼는 것은 당연한 겁니다. 그리고 외모는 얼굴만 가리키는 것이 아니겠죠. 키와 체중, 피부와 헤어스타일, 몸의 비율과 균형 등 다양한 신체적 요소들이 있고, 이것들이 1차적인 '매력'으로 작용하는 것은 부인할 수 없는 사실입니다. 가지런한 치아와 멋진 미소, 예쁜 목소리와 좋은 말투도 외모에 속합니다. 2차적인 매력도 있습니다. 외모를 제외한 다른 모든 매력으로, 훌륭한 인품이나 지식, 지혜, 특기, 개성 등 눈에 보이지 않는 것들이죠.

매력은 다른 사람의 마음을 잡아끄는 힘이기 때문에 외모가 뛰어난 사람에게 시선과 관심이 쏠리는 것은 당연합니다. 어떤 소녀가 조상이나 부모로부터 좋은 유전자를 물려받아, 누구에게든 사랑받을 만한 멋진 외모를 가졌다면 그것 참 감사한 일일 것입니다. 혹여 그렇게 매력적인 외모를 타고나지 않았더라도 외모를 완전히 포기하고, 눈에 보이지 않는 2차적인 매력에만 집중할 필요는 없습니다. '보이는 것'이 영원하지는 않으니까요.

　사람의 외모는 계속 그 사람과 함께 변화합니다. 여러분의 몸이 사춘기와 함께 큰 변화를 맞듯이 우리의 삶이 우리의 외모를 빚어가는 것을 기억해야 합니다. 물론, 천사처럼 예뻤던 여러분의 얼굴이 사춘기 이후에 '역변'할 수 있고, 그것이 여러분의 삶이 잘못되어서 그렇다는 얘기는 절대로 아닙니다. 얼굴의 윤곽이 아니라 인상을 지배하는 우리들의 성품과 그에 따른 삶을 말하는 것입니다. 그러니 예쁘고 훤칠한 유전자의 축복이 당신을 벗어나더라도, 당신은 매력적인 인상을 키워낼 수 있습니다.

🔒 좋은 인상, '매력'의 기술

> " 머리카락은 늘 자라고, 향기는 계속 달라져 "

선하고 매력적인 인상을 가진 사람들 중에 어렸을 때는 그렇지 않았던 경우도 많습니다. 자신감있게 웃고, 항상 감사하는 긍정적인 태도는 얼굴을 바꿔줍니다. 그리고, 외모와 인상에 신경을 쓴다는 것은, 결국 자신의 몸을 돌본다는 뜻이기도 합니다. 햇빛에 맨얼굴을 드러내지 않고, 자외선 차단을 꼼꼼히 해주는 것은 피부 건강을 지키는 동시에 외모에 도움을 주는 것이죠. 옷을 잘 입는 것도 보이는 매력을 키우는데 크게 도움이 됩니다. 비싼 옷이 아니라, 깨끗하고 어울리는 옷을 고르며 내가 타인에게 어떤 스타일로 비쳐질지 생각하는 시간은 사회 생활을 준비하는데도 크게 유용합니다.

많은 사람이 잘 모르고 있는 사실이 있는데요. 아직 이가 나오지 않은 아가들의 경우, 치아가 새롭게 만들어지면서 겉으로 드러나는 것이 아닙니다. 영아들의 얼굴을 찍은

엑스레이 사진을 보면 유치 스무 개와 영구치 서른 두 개는 태어나면서부터 이미 만들어져서, 순서대로 층층이 놓여 있습니다. 말도 못하는 아기들의 입 안쪽 보이지 않는 곳에 오십여 개의 치아들이 두 겹으로 쌓여 있는 엑스레이 사진을 보면 섬뜩하고 무섭기도 합니다. 당장 우리 눈에 보이지 않는 것들이지만, 시간과 결합하며 자연스럽게 치아로 드러나서 제 역할을 하는 것이죠. 그것들이 나를 구성하는 일부가 되는 것입니다. 우리의 매력은 우리가 보이지 않는 곳에서 노력한 것들이 시간과 결합하며 형성하는 것입니다.

매력에 가장 큰 영향을 주는 외모라고 한다면 얼굴일텐데요. 우리가 할 수 있는 가장 중요한 외모 관리는 피부 케어입니다. 야외 활동을 할 때는 꼭 최선을 다해 미리미리 자외선 차단크림을 골고루 발라주세요. 그리고, 메이크업 요령도 익혀두면 좋습니다. 일정한 수준을 넘는 화장의 기술은 사람을 바꿀 수 있습니다. 필요하다면, 수술적 방법으로 외모를 원하는 방향으로 바꾸는 것도 저는 괜찮다고 생각합니다. 성형으로 만들어진 모습이 진정한 외모가 아니라고 주장할 필요가 있을까요? 예쁜 옷을 입은 나도 나 자신이고, 진흙밭에서 구르는 나도 나인 것입니다. 자신의 아름다움을 성형에 온전히 맡기는 것은 바람직하지 않지만, 보조적인 수단으로 활용하고 자신감을 얻는 것은 환영할만 합니다. 그리고 가능하다면 성장기에는 잘 먹고, 잘 자면서 적절한 운동을 통해 균형잡힌 몸을 만드는 것이 가장 중요합니다. 그 위에 자기가 가진 것을 긍정하며 미소로 채워갈 때, 우리들의 인상은 분명 더 매력적으로 바뀔 것입니다.

머리카락은 늘 자라고, 향기는 계속 달라지는 법이니까요.

3
힘과 근력에 대해

    비슷한 또래의 소년들에 비해 소녀들의 골격과 근력은 70-80퍼센트에 불과하고, 특히 상체의 경우 더 차이가 크게 벌어지며 성장한다고 합니다. 지구력을 필요로 하는 운동은 여성에게 조금 더 유리해서, 에어로빅과 같은 유산소 운동보다 오히려 중량을 밀거나 들어 올리는 헬스가 건강한 몸을 만드는 데 좋다고 하죠. 사실 소녀들에게 정말 필요한 것은 '근력'입니다. 근력은 자신의 의지를 자기 몸으로 관철시킬수 있는 힘이라고 볼 수 있습니다.

    남자든 여자든, 근력이 부족하면, 자신을 둘러싼 세상에 끝없이 굴복하게 됩니다. 그것은 어떻게 보면 굴욕적인 삶이죠. 어떤 소녀가 터무니없이 약하게 태어났든, 움직이는게 귀찮아서든, 힘을 키우는 일에 소홀하면, 약자로 살아가는 삶이 익숙해지고, 그것은 결국 다른 사람의 의지대로 살아가는 루틴을 형성하게 됩니다. 힘이 없으니 따라야지요. 부당한 요구를 받아도 힘이 없으니 거부할 수 없습니다. 원하는 일을 추구하려면 몸과 정신이 깨어 있어야 하는데, 힘 없는 소녀들은 늘 피곤합니다. 힘이 없으면, 스스로 어떤 문제를 돌파하는 고민을 뒷전으로 하고, 타인에게 지나치게 의존하게 되는 위험을 자초합니다.

최근에 '걸 크러시Girl Crush'라는 말이 유행하고, 드라마나 영화의 스토리 그리고 대중가요의 노랫말에도 진취적이고 독립적인 여성의 모습이 매우 자연스러워진 것은 단순히 시대와 문화의 변화만이 아니라, 여성들의 신체적 근력이 개선되고, 남성들에 못지 않게 신체와 근력을 활용하는 강한 여성들이 많아진 덕분입니다. 여성들이 울퉁불퉁한 근육을 만드는 것도 나쁠 것 없지만, 핵심은 근육이 아니라, 근력을 키우는 것이죠. 힘을 뜻하는 영단어 'power'파워는 신체의 근력 뿐 아니라 정치 사회적 권력을 의미합니다. 내 몸을 내 의지대로 움직이는 힘이 근력이라면, 타인을 내 의지로 움직이게 만드는 힘이 권력입니다. 어느 쪽이든 힘은 필요합니다. 그리고 힘은 의지와 함께 반복적인 노력을 통해 커집니다. 세상의 모든 일은 '힘'을 키우는데 요구되는 것과 동일하게, 의지와 반복을 바탕으로 성취됩니다.

소녀들의 일상에서 장미란 선수같은 엄청난 근력이 요구되는 상황은 거의 일어나지 않습니다. 다만, 급격한 상황의 변화 또는 위협으로부터 자신을 지킬 최소한의 힘, 그리고 누구에게도 흔들리지 않을 자기 자신의 참모습을 가꿔내는데 필요한 최소한의 힘은 신체의 근력으로부터 시작된다는 것을 꼭 기억하길 바랍니다.

● '힘'을 키우는 기술

> " 미련해 보이는 반복 운동이,
> 근력을 키우는 가장 지혜로운 방법 "

힘을 쓰면 힘이 커집니다. 대부분의 소녀들은 턱걸이 한 개를 올라가는 것도 힘들어서 철봉에 오래 매달리는 것으로 근력을 측정하지만, 오래 매달리며 힘을 키우다보면 턱걸이를 한 개쯤 해낼 수 있습니다. 턱걸이 한 개를 할 수 있는 사람이 매일 턱걸이를 연습하면, 언젠가 두 개를 하는 날이 옵니다.

결국, 힘을 키우는 가장 좋은 방법은 매일 힘을 쓰는 것이죠. 그러나, 녹초가 될 정도로 하루에 모든 힘을 다 써버리면, 그 다음 날 쓸 힘조차 없기 때문에 지혜롭지 못한 방법입니다. 매일 힘 쓰는 일을 반복하며 힘을 키우는 것이며, 일반적으로 소녀들에게는 달리기와 수영, 등산, 클라이밍 등의 운동이 좋습니다.

이러한 운동을 꾸준히 하면서, 자신의 현재 상황에서의 근력과 그 최대치 한계를 알아두고, 시간이라는 축 위에서 반복된 자신의 의지와 노력이 어떤 성취를 가져오는지 기록해 보기 바랍니다. 꾸준함은 그 자체로도 위대하지만, 반복과 지속을 성취해 내는 여러분 자신이 이전에 비해 얼마나 큰 힘을 갖게 되었는지 발견하며 놀라게 될 것입니다.

힘을 키우면, 근육과 뼈의 가동범위를 늘릴 수 있게 되는데, 이와 마찬가지로 근력은 우리 생활 세계의 가동범위를 확장시킬 수 있습니다. 집 앞 편의점에 잠시 다녀와도 피곤해 했던 소녀가 호수공원을 자전거로 일주하며 계절의 변화를 만끽하게 되는 짜릿한 청량감을 얻게 된다면, 근력 향상이 늘려준 생활의 가동범위인 것입니다.

근력을 늘리기 위해 굳이 큰 돈을 들여 일대일 트레이닝을 수강하지 않아도 됩니다. 유튜브나 짧은 동영상으로 제공되는 인터넷 강의들이 넘쳐나는 시대입니다. 건강하고 체계적인 조언들을 해주는 무료 동영상은 얼마든지 많이 얻을수 있습니다. 핵심은 '꾸준함'과 '반복'입니다.

예전에 제 친구가 매일 푸시업을 하길래, 미련하고 의미 없는 운동의 반복인 줄 알았더니, 사실 그것이 힘을 키우는 가장 지혜로운 지름길이었습니다. 그 친구에게 항상 이겼던 팔씨름을 연거푸 지고 나서 깨달은 사실이었죠.

4
머리와 신체의 협응에 대해

우리의 손과 발이 우리 뇌의 명령에 따라 원하는 만큼의 속도와 힘의 크기로 움직이는 것을 민첩함이라고 합니다. 자신이 원하는 방향과 세기로 자기의 몸을 움직일 수 있다는 것은 그 자체로 축복입니다. 세상이 흉흉해서 묻지마 폭행이나 길거리 칼부림 사건과 같은 흉악한 범죄 소식들이 연일 뉴스를 통해 보도되고, 평안해 보이는 일상속에서 도리어 타인에 대한 불안과 의심이 커져가는 요즘에, '민첩함'의 중요성은 그 어느 때보다 더 크다고 말할 수 있습니다.

어떤 범죄자가 흉기를 들고 여러분을 향해 빠르게 다가오는 상황을 가정해 봅시다. 살면서 이런 일이 일어나지 않는 것이 가장 좋지만, 우리는 최악의 상황을 대비하는 것이 필요합니다. 흉기를 들고 빠르게 접근하는 낯선 이를 맞닥뜨렸을 때, 가장 지혜로운 반응은 '재빠르게 도망치는' 것입니다. 아무리 체격이 건장하고 운동신경이 좋은 남성이라도 마찬가지입니다. 길거리에서 흉기를 들고 타인의 생명을 위협하는 자는, 공정한 룰의 지배를 받는 스포츠에 참여 중인 선수가 아닙니다. 짧은 순간에 죄 없는 사람들의 생과 사가 갈리는, 무고한 사상자들이 만들어지는 비극적인 현실을 우리는 매일 경험합니다. 그렇기에 경찰이나 전문적인 훈련을 받은 인력이 현장에 도착해서 상황을 통제하기 전까지는, 누구든 예외없이 흉기 난동같은 돌발 상황을 피하고, 자신의 생명을 보전하는 일이 최우선입니다.

불특정한 사람을 향해 폭력을 휘두르는 사람들에게는 공통된 특징이 있습니다. 자신의 불만을 비겁한 방법으로 해소하기 위해, 더 비겁한 수단을 동원하는데, 그것은 바로 자신보다 '약해' 보이는 사람들을 대상으로 폭력을 가한다는 것입니다. 그래서 대부분의 경우 묻지마 폭행 사건의 피해자들은 어린 아이나 여성, 노인 등입니다. '소녀'들도 항상 위험합니다. 현대 사회를 살아가고 있음에도, 우리는 긴장의 끈을 쉽게 놓을 수 없습니다. 그러나 '약하기' 때문에 피해자가 된 것이라는 사고방식을 가져서는 안됩니다. 그것은 사건의 안좋은 '결과'를 당한 피해자에게 책임의 '원인'을 돌리는 잘못된 생각입니다. 약자가 피해를 입는 모든 사건 사고에서 피해자에게 책임을 전가하는 일부 사람들의 무책임한 태도 때문에, 약한 사람들은 이중으로 피해를 입게 됩니다. 근력도 약한데다 민첩함도 떨어져서, 자신의 몸에 대한 통제 자체가 원활하지 않은 사람들은 정서적으로도 자존감이 약할 수밖에 없기 때문에, 어떤 사건의 피해를 입고서 스스로를 탓하기도 합니다. 그런 일이 일어나지 않도록 모두가 생각을 바르게 가질 필요가 있습니다.

그러므로, 생각을 전환해야 합니다. 날이 갈수록 흉포해지는 세상에서 나를 지키기 위해서 신체를 단련해야 한다는 것은, 최악의 경우에 대한 '대비책'일 뿐입니다. 오히려 우리는, 자율적인 성인으로 살아가기 위한 자신감의 뿌리, 긍정적인 삶에 대한 자세의 출발지로서 내가 나 스스로의 몸에 대한 통제력을 높인다는 차원으로 '민첩함'이라는 주제에 접근하는 것이 좋겠습니다. '민첩함'을 키워가는 과정을 통해, 불안이나 우울증과 같은 부정적인 정서도 점차 사라질 것입니다.

원하는 대로
몸을 움직이는 기술

> **춤 추세요.
> 신체와 두뇌의 협응은 '움직임의 모방'을 통해**

머리와 몸의 협응을 통제하는 수행으로는 '춤'이 가장 좋습니다. K팝 아이돌의 춤을 따라하는 것도 좋겠죠. 춤을 즐기세요. 자신의 몸을 흥겨운 리듬에 맞춰 들썩거리다 보면, 자전과 공전을 하는 우주 속의 자아가 실은 영원히 춤을 추고 있는 존재라는 사실을 깨닫게 됩니다. 여러분이 운이 좋다면 빠르게 무아지경의 황홀도 간간히 맛볼 수 있습니다.

모든 소녀들이 원하는 대로 신체를 움직여, 춤을 잘 추게 되면 더욱 좋겠지만, 그것은 더 큰 목표를 향해 가는 과정일 뿐입니다. 춤을 마스터하는 것이 아니라, 즐기라고 당부드리는 것은, 이전보다 자유롭게 자신의 몸을 자신의 의지대로 움직일 수 있고자 하는, 궁극적인 목표를 향해 나아가시라는 뜻입니다.

투박하고 화려하지 않은 동작들 하나 하나가 우리들의 몸을 통해 펼쳐질 수 있게 될 때의 희열은 정말 값진 것입니다. 몸치라고 걱정하지 마세요. 태어나 첫 돌이 되기 전의 우리들은 모두 능숙하게 걷지 못했습니다. 엄마처럼 걷기 위해, 수없이 넘어지고 다시 일어나기를 거듭하다가 두 발로 뒤뚱거렸지만 아무도 실망하지 않았습니다. 그 기억나지 않는 까마득한 반복과 연습을 통해 결국 숙련된 걸음을 얻어낸 것이죠. 춤을 잘 추는 사람들에게도 가장 놀라운 변화는 언제나 모방과 반복이 빚어냈습니다. 몇 가지 단순하고 멋진 동작을 목표로 정해, 계속 반복하며 똑같이 따라 하도록 연습해 보세요. 처음에는 어색하고 뻣뻣한 모양새일지라도, 잘 하는 사람들을 계속 따라하며, 힘이 붙고 익숙해질수록, 매일 시나브로 달라집니다.

움직임을 모방하는 그 눈물겨운 노력, 반복의 '피, 땀, 눈물'은 당신을 민첩하게 만들어 줄 것입니다. 그것은, 나의 몸에 대한 통제권을 내가 가졌다는 것, 즉 우리 몸의 주인이 우리 자신임을 뜻합니다.

머리와 신체의 협응에 대해

5
목소리와 톤, 얼굴과 인상의 '닮아감'에 대해

현대를 살아가기 위해서는, 소녀들이야말로 기회가 있을 때마다 항상 근력을 키워야 합니다. 종류에 구애받지 않고 이런저런 운동을 해보며 자신에게 가장 잘 맞는 것을 찾으면 좋겠습니다. 특히 '민첩함', 즉 완벽하고 빠른 신체 통제력을 갖추기 위해서는 춤을 연습하기를 바랍니다. 어쨌든 운동이든 춤이든, 모두 기본적으로 어떤 대상을 정해두고 열심히 '모방'하는 과정이 반복되며, 자연스럽게 숙달되는 것들입니다. 우리의 정신과 이성이 그러하듯이, 우리의 몸도 끊임없이 주변 환경과 상호작용하며, 의식하지 못하는 새에 조금씩 어떤 대상을 닮아가고 있습니다. 그것을 '사회화'라고 부르기도 합니다.

아프리카에서 망명한 부모님을 따라 8살에 한국으로 건너와서 성장한 외국인 조나단의 얼굴은 당연하게도 부모님과 똑같습니다. 이제는 성년이 지난 그는 한국어를 더 편하게 구사하며, 말투에는 전라도 사투리가 진하게 배어 있습니다. 스스로 자신의 제2의 고향이라고 부르는 전라도는 조나단이 한국에서 정착하고 교육받은 곳이죠. 사전지식 없이 조나단을 만나면, 아프리카인의 외모에서 구수한 전라도 사투리가 진하게 흘러나오는 모습이 신기하기도 하고, 어색하게 느껴질 수도 있습니다. 외국인들의 이런 사례는 우리나라에서 얼마든지 많이 볼 수 있습니다. 외국인들이 한국에 왔을 때, 그들이 정착하고 생활했던 주된 지역의 말투와 억양이 자연스럽게 묻어 나오는 것입니다. 그래서, 경상도나 전라도 말투로 유창하게 한국어를 구사하는 외국인을 만나는 일이 이제는 정말 자연스러워졌습니다. 교과서에 등장하는 표준어가 아니라, 삶의 자리 그 현장에서 우리는 언어와 삶을 모방하며 살아갑니다. 모방은 사람을 서로 닮게 만들어 줍니다.

우리는 엄마의 뱃속에서부터 세상을 모방합니다. 그리고, 출생 이후 우리들의 앞에 놓여지는 수많은 가능성과 환경들에서 무의식적으로 우리가 모방해야 할 세상을 선택하고, 그것을 따라왔습니다. 모차르트가 운동이 아닌 음악의 천재가 된 것도 그런 까닭입니다. 궁정 음악가였던 모차르트의 아버지는 그의 누나 마리아가 7살일 때 건반 악기를 가르쳤는데, 그는 누나의 모습을 보고 세 살 때부터 스스로 건반을 연주하는 법을 터득했다고 전해집니다. 어떤 목사님의 고등학생 딸은, 보통의 소녀 이미지와는 다르게 상당히 낮은 저음과 느릿느릿한 말투로 전화를 받습니다. 그 목사님이 평소에 사용하시는 어조와 판박이이고, 얼굴도 많이 닮았습니다. 감사하게도 저의 두 딸들은 엄마를 닮아 '볼품'있게 생겼습니다만, 어쩌면 시간이 지날수록 그들에게서 저의 우스꽝스런 표정이나 뭔가 부조화된 인상을 찾아볼 수 있게 될지도 모르겠습니다. 우리들이 가족이라는 울타리 속에서 함께 웃고, 때론 함께 투닥거리며 끊임없이 서로 닮아가고 있기 때문입니다.

여러분은 될 수 있으면 많이, 좋은 얼굴과 밝은 미소, 자연스런 웃음을 계속 마주하고 접하기를 바랍니다. 여러분이 가족과 함께 하는 일상 속에서 웃음과 행복한 표정을 쉽게 얻을 수 있다면, 그건 정말 반갑고 좋은 일입니다. 하지만, 모든 사람이 그런 미소와 행복, 좋은 인상을 서로에게 향하는 가정에서 태어나 성장하는 행운을 누리는 것은 확률적으로 높지 않은 일입니다. 그렇기에 간접적인 방식으로라도 밝고 선한 미소를 짓는 사람들을 주변에 두는 의식적인 노력이 필요합니다. 책이든 영화든, 주변의 친구든, 문화예술이나 스포츠 세계에 있는 여러분의 우상이든, 수시로 접하고 만나게 될 얼굴만큼은 자연스런 웃음을 가진 사람들로 채우는 것이죠. 엄마들의 태교도 그런 방식으로 이뤄집니다.

　우리는 자기 자신의 인상을 자기가 창조해 가는 것이라고 생각하기 쉽습니다. 하지만 결국에는 우리들의 몸, 우리들의 표정은 우리 주변의 누군가를 항상 닮아가며 성장합니다. 자신의 인상을 자기 자신이 창조하는 것이 아닙니다. 그렇지만, 그렇기 때문에 우리는 스스로 자기의 인상을 의도적으로 선택할 수 있습니다. 우리들 스스로가 주체적이고 의식적인 선택을 통해 본인이 누구를 닮아가면 좋을지, 어떤 얼굴을 한 어른이 될지 그 방향을 지정하는 것입니다. 기회가 될 때마다, 자신의 웃는 모습도 틈날 때마다 많이 들여다보세요. 좋은 인상을 만들어가는 데 도움이 됩니다.

🔒 좋아하며 닮아가는 기술

> ❝ 좋아하는 사람이 생긴 순간부터,
> 우리는 이미 그 사람을 닮아 가는 것 ❞

'닮음'의 원리는 삶을 지배합니다. 우리의 얼굴과 몸은 계속해서 누군가를 닮아가며 성장합니다. 그리고 외모뿐만 아니라 목소리와 말투도 결국에는 우리가 가장 빈번하게 상호작용하는 사람을 시나브로 닮아가게 되어 있습니다. 꽤 오래 전의 일입니다만, 제 후배 한 명이 김건모와 그의 노래에 푹 빠져 들었습니다. 그는 몇 년 동안 거의 매일 김건모의 노래를 들으며 따라 불렀는데, 그곳이 집이든 학교든 공원이든 시간과 장소를 불문했습니다. 그런데 어느 날, 이 후배가 김건모가 아닌 다른 가수의 노래를 부르는데도, 어느 틈에 그의 톤과 발성이 김건모와 너무나 닮아 있는 것이었습니다. 교회의 찬송가도, 동요나 애국가조차도 김건모의 목소리, 그의 창법과 피치로 노래를 부르는 그의 모습을 통해, 저는 큰 깨달음을 얻었습니다.

노래를 부르는 행위라는 것은 결국 성대와 폐, 그리고 그것과 관련된 다양한 신체 기관들에 우리의 의지를 관철시키는, 두뇌와 몸의 협응이 필요한 일입니다. 그런데, 특정한 가수의 노래를 매일 몇 년동안 듣고 부르고 반복한다는 것은, 어찌 보면 그 가수로부터 매일매일 발성과 가창의 사례를 직접적으로 겪으며, 개별 트레이닝을 받고 있는 것과 마찬가지인 셈입니다. '노래를 잘 부르려면 많이 불러봐야 하지만, 그보다 더 중요한 것은 많이 들어봐야 한다'는 말에 담겨진 의미는 바로 거기에 있습니다.

좋아하지도 않는 사람을 흉내 내는 사람은 아무도 없습니다. 듣고 싶지 않은 노래를 매일 따라 하는 사람도 없습니다. 여러분에게 닮고 싶은 사람이 있다는 것은, 여러분이 '좋아하는' 사람이 존재하는 것을 증명하는 것이며, 그를 통해 여러분의 미래도 어림짐작이 가능해 집니다.

멋진 사람, 좋은 사람을 닮기를 소망하는 순간부터, 미래의 당신은 그런 사람이 되어 있습니다.

6
남녀 차이,
'공감'과 '공간' 지각에 대해

인류가 존재해 온 오랜 역사 속에서, 남자와 여자는 각각의 성 역할에 맞는 방향으로 자신들의 특정한 능력을 더 잘 발휘하도록 발전해 왔습니다. 그것은 매우 자연스러운 것이고, 이러한 차이는 인간의 유전자에 각인되어 두뇌의 기본 설정값에서부터 남자와 여자는 서로 다르다고 합니다. 2008년에 방영된 EBS의 다큐멘터리 〈아이의 사생활〉은 이것을 잘 보여주는 실험들이 많이 등장했습니다. 그 중 특히 인상 깊었던 실험이 있는데요. 이 실험에서는 엄마가 장난감 망치를 들고 있다가 망치에 손을 다치는 상황을 자녀 앞에서 연출합니다. 그 때, 여자 아이들은 깜짝 놀라 엄마의 고통을 공감하며 눈물을 보였던 반면, 남자 아이들은 엄마가 다친 것에 대해 별 관심을 보이지 않았고, 심지어 웃음을 보이기까지 했습니다.

분명히 여자들의 공감 능력은 '타고난' 것으로 보입니다. 그리고, 뇌의 해부학적 구조를 통한 연구에서도 공감과 관련된 '정서적' 영역에서 남자들보다 더 뛰어난 측면이 있습니다. 공감 능력이라는 주제에서 여성들의 탁월함은 부인할 수 없는 선천 영역입니다.

한편, 공간지각능력에 대해서는 다른 의견들이 많습니다. 특히 운전을 마치고 주차할 때 어려움을 겪는 여성들이 많은 것이 사실인데요, 차량이 빽빽하게 늘어선 주차장에서, 가운데에 비어 있는 주차칸 하나에 주차를 해야할 때, 여자들은 남자들에 비해 더 애를 먹고 시간도 더 걸립니다. 이것은 근력의 차이로 설명할 수 없는 차이입니다. 남자들이 한두 번 정도 차를 왔다 갔다 하면 끝나는 데 반해, 여자들은 수십 차례 차를 왕복시키며, 주차에 어려움을 겪습니다. 어떤 설명에 따르면, 남자들은 목표에 집중하고, 목표(차)와 환경(주차 공간)의 거리와 크기를 개별적으로 가늠하며 차를 통제하는 반면, 여자들은 목표(차)와 함께, 그 배경이 되는 공간에 놓여진 사물들에 대해 차별 없이 인식하기 때문에, 자신이 차를 주차하고 있다는 현실이 아니라,

주차 공간과 주변의 사물들이 자신의 차를 향해 다가오는 것처럼 인식하기 때문이라고 합니다. 공간과 사물을 분리해서 인식하는 것은 남성들에게 유리한 선천적 특성으로 보입니다.

남자와 여자가 가진, 상대적으로 더 발달한 능력은 많습니다. 그리고 우리는 남자와 여자가 기본값으로 가지고 있는 능력의 상대적인 우열을 부정할 필요는 없습니다. 일부 정신나간 사람들이, '공감 능력'이 떨어지기 때문에 남자들은 모두 미개하다라거나, '공간 지각 능력'이 부족하기 때문에 여성은 지능이 열등하다는 식의 억지 주장을 펴는데, 이런 사람들은 상종도 하지 마세요. 그런 사람들이 가장 어리석은 이들입니다. 분열과 갈등을 삶의 원동력으로 삼는 이들의 무지함은 남녀의 차이가 없습니다.

모든 남자아이들이 평생 타인에게 '공감'하지 못하는 사이코패스로 성장할 리가 없습니다. 요즘은 많은 남자들에게서 타인의 감정에 대해 본인의 일처럼 공감하며 함께 기뻐하고 슬퍼하는 모습을 우리는 자주 볼수 있습니다. 마찬가지로, 모든 여자들이 기계치나 교통사고 유발자인 것도 아닙니다. 요즘에는 남자 엔지니어에 비해 구조와 공간을 더 정확하게 꼼꼼하게 이해하고 통제하는 전문직 여성들도 매우 많아졌습니다.

핵심은, 각자가 가진 능력 또는 선천적으로 부족한 영역들에 대한 익숙함과 숙달의 문제인 것이죠.

남자들에게 '공감'이 직접, 간접적인 경험을 통해 상대방의 감정을 이해해가며 받아들이는 수많은 과정을 통해 숙달시켜야 하는 인식 과정인 것처럼, 여자들에게도 '공간'이 새로운 관점으로 받아들이고 경험해야 할 대상이며, 익숙해질 수 있는 지각의 영역이라는 것입니다. 내가 잘 할 수 있는 것을 더 잘하도록 하면서, 나에게 부족한 것을 이해하고, 보완해 나갈 수 있도록 노력하는 것이 소녀들에게 기대되는 역할입니다. 그것을 위해 우리의 몸을 건강하고 활력있게 발달시켜 나가도록 할 책임이 우리들에게 있습니다.

🔑 다름을 포용하는 기술

> "다른 것이 틀린 것이라 생각하지 않는 데에도 연습이 필요"

우리나라에 번역되어 출간된 지 벌써 30년이 지났습니다만, 《화성에서 온 남자, 금성에서 온 여자》라는 이름의 책을 읽고, 저는 처음으로 남자와 여자의 '차이'에 대해 생각하고 '포용'이라는 단어의 의미에 대해 고민하게 되었습니다. 그때가 스무살이 막 지났을 때였어요. 여러분은 훨씬 빨리 준비할 수 있습니다.

진정한 어른이 되는 것은, '나의 세계'와 '다른 세계'의 차이를 발견하고, 그것을 조화하며 보듬어 내는 성숙을 목표로 해야 합니다. 전통적으로 남자와 여자에게 예상되는 차이를 극복하고, 그것을 성공적으로 조화시켜낸 인물들의 사례는 얼마든지 있습니다. 다르기 때문에 무작정 적대하는 것은 짐승들의 세계, 과거 비문명 족속들에서 통용되던 방식입니다.

남자와 여자의 신체가 명백하게 다르기 때문에 타고난 장점과 약점이 뚜렷할 수 있지만, 그것이 이성을 일방적으로 지배하거나 혐오하는 선전의 도구로 사용해서는 안됩니다. 그런 집단이나 조직이 있다면 주의하세요. 다름을 용납하지 못하는 이들은 근본주의나 급진주의라는 이름 아래, 언제나 순진한 사람들을 자신들의 아집으로 끌어들이기 위해 벌개진 눈으로 돌아다니고 있습니다. '다름'이 옳은 것이 아니라, '다른 가운데 조화를 이뤄내는 과정'이 옳은 것입니다.

경험의 세계가 작은 사람들에게는 그 경험이 전부일 것이며, 그것을 바탕으로 생각하게 됩니다. 좋은 사람을 못만났다면, 모든 사람을 나쁘게 여기게 되죠. '다르기 때문에 틀린 것'이라고 생각하지 않게 되는 데에도 연습이 필요합니다.

7

섹스에 대해

    섹스, 이성 간에 이뤄지는 성행위는 인류의 종족 번식에 있어 가장 중요한 것이었습니다. 세상을 창조한 신이 인류를 향해 '생육하고 번성하라'는 당부를 했고, 이 명령을 수행하는 것은 섹스 없이는 불가능한 것입니다. 번식은 모든 동물에게도 해당되는 것이어서, 동물도 인간과 마찬가지의 성행위, 즉 교미를 합니다. 그런데 동물과 인간의 성행위는, '번식'의 수단이라는 1차원적 공통점에서 벗어나는 결정적인 차이가 있습니다. 즉 인간의 섹스는 사랑하는 사람 사이의 깊은 신뢰와 애정을 육체를 통해 더 심화해 주는, 높은 차원의 쾌락을 제공한다는 것입니다. 교미가 끝난 짐승의 암수는 금방 일상으로 복귀해 먹이 활동에 집중하지만, 인간은 사랑하는 상대방과 더욱 충만한 행복감을 교류합니다. 쾌락은 인간을 향한 신의 선물입니다.

쾌감을 경험할 수 있는 능력은 진화적 필요에 따른 적응의 결과일 뿐이라거나, 보노보노 원숭이 같은 다양한 동물들의 자위같은 행동 연구들을 통해 인간 성행위의 의미를 동물적인 본능 이상도 이하도 아닌 것처럼 여기는 주장도 있습니다. 특히 우리나라처럼 섹스에 대해 폐쇄적인 사회에서는, 섹스는 동물적인 본능과 더러운 욕망으로 행해지는 부끄러운 것이라는 이미지를 가진 사람들이 많이 생겨납니다. 굳이 그렇게 생각할 필요가 있을까요. 섹스는 악한 것이 아닙니다. 더러운 것도 아니구요. 섹스를 악하고 더러운 욕망의 대상으로 삼는 이들에게만 그런 것입니다. 섹스는 귀한 것이고, 그러므로 귀하게 존중받아야 합니다. 돈을 매개로 섹스를 매매하는 것은, 사랑이 배제된 감각 자극만을 탐닉하는 사람들의 모습일 것입니다. 대개 이것은 더 큰 쾌락을 얻기 위해 마약성 약물로 향하기 위한 전단계로 작용합니다.

초등학교 고학년이 되면, 학교에서도 이 주제를 두고 다양한 교육을 실시합니다. 그렇지만, 섹스가 갖는 '귀한' 의미에 대해서 알려주는 것 같지는 않아 보입니다. 일반적으로 섹스는 사랑하는 이성 간에 성기를 매개로 한 정서적 육체적 쾌락을 주고받는 인간관계입니다. 신뢰하는 사람이 아니라면, 인간의 몸에서 가장 취약한 급소이기도 한 성기를 상대방에게 드러낼 일은 없습니다. 섹스 과정에서 진행되는 사랑의 대화라든지, 상대의 쾌락을 조금이라도 더 북돋고자 하는 신체적인 노력 등이 상대방에 대한 존중과 믿음을 더 깊게 할 수도 있고, 때로는 반대가 될 수도 있습니다. 섹스 행위를 통해, 현재의 상대방에 대한 서로의 사랑이 더 크고 깊어지게 될 것인지 아니면, 쌀쌀해진 바람을 감지한 낙엽처럼 시들게 될지 전망할 수 있게 하는 수단으로 기능하기도 합니다.

섹스는 귀한 의미를 갖고 있습니다. 그렇기에 소중하게 바라보고, 또한 이뤄져야 합니다. 연인 관계임을 선언했기 때문이라는 이유로, 당연한 절차 또는 기계적인 통과 의례로 치부될 가벼운 것이 아니라는 것입니다. 물론 마찬가지로, 사랑하는 두 사람이 섹스를 지나치게 터부시할 이유도 없습니다. 섹스가 아니더라도 사랑이 더 깊어질 수 있지만, 섹스를 통해서도 상대방을 포함한, 사람과 사랑에 대한 이해를 더 깊게 할 수 있는 것입니다.

🔒 서로를 지키는 기술

> " 섹스를 '요구'하면, 시간과 존중을 '요청'할 것,
> 성숙한 사람은 조급하지도 일방적이지도 않아 "

상대방이 나에 대해 얼마나 큰 사랑을 호소하든, 내가 그 상대를 얼마나 많이 사랑하든, 소녀 시기의 섹스는 권하지 않습니다. 저는 성인 여성들을 향해, 가급적이면 많이 사랑하고, 그 과정 속에서 섹스의 쾌락과 기쁨도 많이 누리기를 장려하는 입장입니다만, 그것이 결코 무작정 행위의 횟수를 늘리라는 이야기는 전혀 아닙니다.

누군가 나를 사랑한다는 사실 자체가 자존감을 높여, 정서적 흥분을 줄 수 있습니다. 그렇기에, 연애 경험이 많지 않은 사람들은, 사랑의 근본이 존중과 배려를 바탕으로 하고 있음을 망각하고, 상대방의 악의에 의해 이용당하고 후회하게 됩니다. 사실 소녀를 섹스의 대상으로 삼고자 하는 상대는 대부분 조급한 소년들입니다. 그들의 조급함은 열정 가득한 애정으로 포장해 급조해 낸, 본능적인 성 욕구를 해

소하는데 초점이 맞춰진 경우가 많고, 호기심이 채워질수록 애정이 비워지는 경향을 보입니다. 그렇기에 스무 살 이전의 소녀들의 섹스에 대해서는 특히 조심스럽습니다. 여전히 섹스는 귀한 것이지만, 저는 그것을 바라보는, 조급한 연인의 일방적인 '태도'에 대해 말씀드리고 있는 것입니다.

여러분과 같은 소녀들이 성인이 되어가며 다양한 감정과 모습을 가진 사랑이라는 관계를 경험하되, 깊이 좋아하고 존중하는 시간을 통해 자아가 성장하고 삶이 충만해지기 바랍니다. 특별히, 소녀 시기야말로 자신을 둘러싼 사회에서 서툴지만 거쳐야 할 생의 첫 경험들을 겪어내고, 그것을 공유하는 또래 및 사회 구성원들과 존중을 바탕으로 하는 대화와 사귐이 활발하게 일어나는 기간입니다. 그러한 가운데 연애를 할 수도 있고, 때로는 사랑의 번민 속에 불면의 날을 겪기도 하죠, 사람마다 이런저런 경험을 통해 사랑의 정서는 다르게 성숙합니다만, 막연하고 어렴풋한 상태에서 조금씩 자기 자신에게 알맞은 형태로 더 구체화 되어 갑니다. 성인이 되고 나면, 조금 더 능동적이고 주체적인 사람으로서 섹스를 대하되, 그것을 '귀하게' 여기는 태도는 여전히 연인 사이에서도 공유될 필요가 있습니다.

사랑하는 사람이 섹스를 '요구'하면, 시간과 존중을 '요청'하세요. 성숙한 사람은 조급하지도 일방적이지도 않습니다.

8
생리, 달거리와 월경통에 대해

아동이 소녀가 되는 과정에서 나타나는 중요한 몸의 변화는 월경의 시작입니다. 흔히 '생리'라고도 표현하는 월경은 여성의 몸을 임신이 가능하도록 만들어주는 자율적인 신체 변화입니다. 개인뿐 아니라 공동체의 지속에, 어떻게 보면 가장 의미 있는 생리적 변화이기 때문에 생리라고 부르기도 하지만, 월경이 더 정확한 표현이죠. 우리말 '달거리'는 한자어 월경月經을 풀어 쓴 것으로, 글자 그대로 달月마다 지나가야經 하는 월간 이벤트를 지칭합니다.

월경의 메커니즘은 이렇습니다. 여성의 난소에서 난자를 배출할 때 남아있던 여포가 황체 세포가 되는데, 이 황체가 호르몬 분비를 유도해 여성의 자궁 내벽을 일시적으로 두텁게 만들어 임신에 대비합니다. 이후 수정이나 착상이 일어나지 않을 경우, 자궁의 안쪽을 두텁게 구성했던 내막, 즉 일종의 혈액 덩어리가 난자와 함께 밖으로 배출되는 생리 현상을 월경이라 부르는 것이죠.

한 달 정도를 주기로 찾아오는 월경이 시작되면 대략 3일에서 7일간 생리혈을 배출하는데, 일반적으로 평생 400회 정도의 월경을 한다고 알려져 있습니다. 결국, 여성은 소녀 시기를 포함해서 30년 이상이라는 인생의 긴 여정에 걸쳐, 한 달 간격으로 상당한 양의 피를 몸밖으로 배출하는 사건을 감내하는 셈입니다. 이 과정에서 빈혈과 통증 뿐 아니라 여러 가지 부작용이 수반되는 경우가 많기에, 여자들 대다수는 규칙적으로 찾아오는 달거리에 대해 스트레스를 많이 받습니다. 예전에 한 소녀가 심드렁한 표정으로 자신은 성인이 되었을 때, 자궁을 적출하는 수술을 받고 싶다는 말을 해서 깜짝 놀랐던 기억이 있습니다. 그 소녀는 자신의 월경 주기가 극히 불규칙한데다가, 한 번 시작되면 열흘 가까이 막심한 통증에 시달린다는 것이었어요. 본인은 임신이나 출산을 원하지도 않고, 특히 비혼주의이기 때문에 차라리 자궁을 떼어내면, 반복적으로 찾아오는 그 고통으로부터 벗어날 수 있지 않을까라는 생각을 바탕으로 한 선언이었습니다.

저도 오랜 기간 저의 여자친구였으며, 지금은 저희 딸들의 엄마인 제 아내를 통해, 생리통이 주는 극심한 통증과 스트레스를 간접적으로 경험해 왔기 때문에, 그 소녀 뿐 아니라 여성들 상당수가 겪는 고통이 결코 남의 일처럼 느껴지지 않습니다. 더욱이 아마도 제가 여자로 태어나, 그 소녀와 같은 고통을 겪고 있다면, 저부터 진지하게 그녀의 해법과 같은 근본적인 원인 제거를 통해, 주기적으로 찾아오는 통증으로부터 벗어나고자 했을 것입니다. 고통이 규칙적으로 반복될 것을 알고, 그것을 기다려야 하는 숙명만큼 괴로운 것이 세상에 그리 많지 않을 것입니다. 저는 지금도 우리 딸들이 혹시 비슷한 고민을 하게 된다면, 수술적 방법을 함께 고민하는 것을 포함해, 아빠로서가 아니라 인간으로서 최대한 도와주겠다는 마음입니다. 다만, 실제로 수술적인 방법으로 자궁을 적출한다고 해도, 통증이 완전히 사라지지 않는다는 연구 보고들도 있기 때문에, 여러분도 같은 문제로 비슷한 고민을 하고 있다면 반드시 신중하게 접근해야 할 필요가 있습니다. 통증이 신체 일부분을 떼어내고 싶을 정도로 큰 스트레스는 아니라면, 스스로 건강한 몸을 유지하기 위해 운동을 하며, 긍정적인 사고로 활력있게 매 달을 지나가는[月經] 지혜를 찾는 계기가 달거리였으면 합니다.

🔒 통증을 줄이는 기술

> 통증은 참아내는 것이 아니라,
> 줄일 방법을 찾아내야 하는 것

　월경통이 심할 경우, 시작되기 전에 미리 진통제를 복용하는 것도 효과적인 방법이라고 전문가들은 얘기합니다. 특히 감각이 민감하고, 환경 변화에 예민한 성향을 가진 소녀들이 생리통으로 더 고생하는 경우가 많다는 연구가 있습니다. 이는 아마도 스트레스가 생리통을 심화시키는 데 매우 중요한 작용을 하는 것으로 보입니다.

　오로지 대학 진학을 위한 입시를 지상과제인 것처럼 여기는 우리나라의 교육 현실에서, 학생들에게는 스트레스를 줄이는 것이 쉽지 않다보니, 월경 전후 통증 뿐만 아니라 크고 작은 통증과 심리적인 우울감을 달고 사는 소녀들이 정말 많습니다. 그럴수록, 역설적인 방법이긴 하지만, 가능하면 몸을 많이 움직여야 합니다. 좋아하는 음악을 들으며 걷거나, 마음을 진정시키는 공간을 찾아가는 등 적극적으로 우울과 짜증, 긴장과 분노를 떨치기 위해 노력해야 합니다. 그렇게 해서 스스로 그러한 노력을 적극적으로 하고 있음을 자기 자신에게 계속 상기시키는 것이 중요합니다. 자신의 몸을 향해, '너를 건강하게 유지하도록 최선을 다해 돌보고 있다'고 소통을 하는 것이야말로 무의식적으로 면역력을 키우고, 스트레스를 이겨내는 몸을 만들도록 할 수 있습니다.

월경통에는 가볍게 아랫배를 온찜질하는 것도 좋습니다. 골반 주변 장기들의 혈류 흐름을 활발하게 만들어 근육의 긴장을 풀고 붓기를 가라앉히면서 통증을 완화시켜 줍니다.

아픈 것, 슬픈 것, 불안한 것, 속상한 것을 이기기 위한 폭식은 순간적으로 이성을 마비시켰다가 다시 큰 후회를 초래하는 경우가 많습니다. 스트레스를 줄이기 위해 술을 마시거나 흡연, 또는 폭식과 같은 감정적 섭식 등을 하는 사람들을 대상으로 한 연구를 살펴보면, 이러한 행위가 오히려 스트레스를 두 배 가까이 늘린다고 합니다. 그러므로,

무엇인가 신체에 해를 끼치지 않으면서도 정서적으로도 즐겁게 몰두할 수 있도록 해주는 것을 찾아내어 그것과 함께 매달 찾아오는 월경통을 극복할 수 있는 것이 이롭다는 결론에 도달합니다. 좋은 취미를 가지세요.

참기 힘든 통증이 한 달 뒤에 다시 찾아올 것을 알고 기다리고 있어야 하는 것만큼 괴로운 것이 또 있을까요? 몸이 아플 때 무엇보다 중요한 것은, 통증은 '참아내야' 하는 것이 아니라, 그것을 줄이기 위한 대처 방법을 '찾아내야' 하는 것임을 떠올리는 일입니다.

9
내 몸 캔버스, 타투에 대해

'타투Tattoo'는 피부에 인위적인 상처를 낸 후, 진피 조직에 잉크를 주입시켜 반영구적으로 신체를 치장하는 것입니다. 요즘에는 연예인이나 스포츠 스타 등 소위 영향력을 가진 인사들의 타투를 거의 일상적으로 접할 수 있습니다. 그래서 신체를 훼손하는 것에 반발하는 유교 사상의 영향을 받은 예전 세대들에 비해, 셀럽들의 타투는 새로운 세대들의 거부감을 줄이는 데 큰 역할을 합니다. 매력적인 음색과 보컬 능력을 가진 가수 백예린은 신체의 거의 전 부위에 꽃과 나비, 용 도안까지 타투로 새겨 넣었는데, 젊은 여성의 전신 문신은 예전에는 상상할 수 없었던 일이었죠.

미국에서 2019년에 실시된 한 여론 조사에 따르면, 미국 성인의 30퍼센트에 해당하는 사람들이 하나 이상의 타투를 갖고 있으며, 연령을 18~34세로 좁혀서 살펴보면 타투 인구는 40퍼센트가 넘는다고 합니다. 이러한 통계는 여러 가지 면에서 미국 사회를 닮아가고 있는 우리 사회의 미래를 엿보게 합니다. 심지어 영국 성공회의 한 사제도 자신의 신앙과 소명을 표현하기 위해 그녀의 양팔에 가득 문신을 새겨 넣어 사회적인 논란이 되기도 했습니다. 타투가 이제 현대 생활 속 깊숙이 들어와 있는 것으로 보입니다.

문신을 몸에 새기는 이유는 다양합니다. 자신의 정체성이나 사상을 표현하기 위한 사람도 있고, 연인의 이름, 결혼이나 자녀의 출산과 같은 중요한 사건 등 과거의 소중한 추억을 간직하기 위해 타투를 하기도 합니다. 자기 어머님의 젊었을 때 모습을 팔에 새기는 사람도 있으며, 또 어떤 사람은 일생의 좌우명이나 멋진 디자인, 예쁜 문양 등을 신체에 영구적으로 새겨 넣습니다. 힘을 동경하거나 과시하고 싶은 개인 또는 무리들도 강함과 인내를 표현하기 위해 문신을 합니다. '이레즈미入れ墨'라고 불리는 일본 폭력배들의 전신 타투는 그것 자체로 야쿠자의 신분증과 비슷한 역할을 합니다.

저는 아무리 작고 예쁜 디자인이라 할지라도 그것을 몸에 반영구적으로 새겨 넣는 것에 대해서는 반대하는 입장을 가지고 있습니다. 앞서 다양한 이유들을 열거했지만, 중요한 과거의 어떤 것을 평생 기억한다거나, 본인의 영원한 정체성을 표현하기 위해 반드시 신체가 수단으로 사용되어야 할 이유를 찾지 못하겠습니다. 물론 그만큼 현재 시점에서의 본인의 의지가 너무나도 확고하다는 뜻이겠지만, 오늘의 내가 내일의 나에게 후회할 지도 모르는 일을 강제하는 것은 지혜롭지 못한 일이기 때문이죠.

타투를 새기는 행위는 현재 시점에서 자신의 의지와 심리 상태를 미래의 자신에게 일깨우는 동시에, 강요하는 일입니다. 불과 몇 분 사이에도 가치관이 달라지고 인생의 의미마저 바꾸어 버리는 변화무쌍한 삶 속에서 현재의 자신이 몇 달 혹은 몇 년 뒤의 자신과 동일한 사람일 수 없고, 때로는 전혀 다른 인물이 되기도 합니다. 누군가를 존중하는 첫걸음은 강요하지 않는 것입니다. 마찬가지로 '자기 자신에 대한 존중'이야말로 소녀들에게 가장 필요한 것입니다. 역설적으로 우리들이 현재의 치열함, 소위 '열정'을 바탕으로 하는 선택들 대부분은, 감당할 수 없는 미래의 후회로 돌아오는 경우가 많습니다. 타투의 경우는 거의 늘 그렇습니다.

🔒 후회를 예방하는 기술

> " 신체에 '의미'를 새기는 것보다,
> 자신의 모습을 '의미'로 만들어가는 삶을 "

　예쁜 디자인이나 멋진 문구, 나의 개성을 돋보이게 할 장식 무늬들이나 이미지를 자신의 신체에 새겨 넣고 싶은 욕구는 자연스러운 것입니다. 다만, 인간은 끊임없이 후회하는 동물이라는 것을, 여러분도 다를 바 없는 '후회하는 인간'의 딸들임을 기억하기 바랍니다.

　그렇기에, 저는 '헤나'를 추천합니다. 타투가 피부 진피층까지 잉크를 채워넣어 영구적인 디자인을 몸으로 보존하는 것이라면, 헤나는 피부의 표피층에 잉크를 착색시키고, 일정 시간이 지나면 저절로 해당 디자인이나 문양이 사라지도록 하는 것이기 때문입니다. 그저 어떤 연예인의 타투가 예뻐서, 또는 현재의 어떤 순간을 오래도록 기념하기 위해서와 같은 이유라면 헤나가 좋습니다. 얼마 후 그 디자인이나 순간들의 매력이 처음과 달라지게 되었을 때에 알맞게,

헤나는 몸에 새겨진 그림들을 시간과 함께 가져갈 것입니다. 하지만, 일생을 두고 기억하고, 몸에 새겨넣어야 할 어떤 꺾이지 않는 마음이 있고, 그 수단이 타투밖에 없다면, 그 또한 어쩔수 없는 일일 것입니다.

예쁜 모양을 신체에 새겨 넣어 감상하는 것보다, 운동과 즐거운 삶을 통해 우리 자신의 몸 자체를 건강하고 보기좋게 가꿔내는 일이 값집니다. 틈날 때마다 움직이고, 건강한 신체를 만들도록 권유하는 이유가 거기에 있습니다. 어떤 화가가 세상에서 가장 아름다운 색을 창조하고 싶어서, 본인이 아는 가장 아름다운 색깔의 물감들을 하나씩 하나씩 통에 넣어 섞었더니 결국 검은 색이 나왔다고 합니다. 신체라는 캔버스 위에 아름다운 문양을 하나씩 채워나가다 보면, 어느 날 후회하는 순간이 갑자기 찾아 오게 마련입니다.

모든 것은 흐르고, 모든 것은 옅어집니다. 현재의 마음을 박제하기 위해 신체에 '의미'를 새기는 것보다, 끊임없이 새로워지는 자기 자신의 모습을 '의미'로 만들어가는 과정이 아름다운 것입니다.

· 2장 ·

소녀의 마음

"
생각하는 것과 충만하게 살아있음은 같은 것이다.

— 한나 아렌트, 《정신의 삶》(The Life of the Mind, 1978)

1

감성과 이성에 대해

　많은 연구를 통해 여성의 뇌와 남성의 뇌는 해부학적으로 유의미한 차이를 갖지 않음이 밝혀지고 있습니다. 실제로도 수학 능력이나 언어 능력, 공격성, 리더십, 인성, 도덕적 추론 등에서 남자와 여자 사이에 차이가 거의 없음이 과학적으로 확인되었습니다. 그렇지만, 여자와 남자의 몸이 다르듯 심리와 정신적 측면에서 우리는 거의 항상 성별에 따른 정서적 차이를 느끼게 됩니다. 아마도 그것은 남녀가 해부학적으로는 크게 다를 바 없는 뇌를 각각 가지고 있지만, 그것을 사용하는 환경 즉 문화적인 공간이 요구해 왔던 역할의 차이점 때문이 아닐까 싶습니다. 인류의 생존과 번영이라는 공동의 목표를 추구하는 과정 속에서 주로 출산과 양육을 담당해 왔던 성별의 역할과 전투와 수렵을 담당했던 성별의 역할이, 반복적인 유형화를 통해 우리의 유전자 속에서 남자와 여자 사이에 어떤 심리적인 지향의 차이를 두드러지게 만들어왔던 것입니다.

인간의 몸에는 흔히 성호르몬이라 부르는 테스토스테론과 에스트로겐이 생산되고 있습니다. 많은 사람들이 테스토스테론은 남성에게만, 에스트로겐은 여성에게만 분비된다고 오해하지만 실상 이 두 호르몬은 여자와 남자 모두 가지고 있습니다. 그 비율이 상대적으로 차이가 있을 뿐이죠. 테스토스테론은 근육을 발달시키고 공격적인 성향, 그리고 집중력 등과 관련되는 경향을 보여줍니다. 반면, 에스트로겐은 공격성을 낮춰 성격을 유순하게 하고, 사회성을 증가시키는 특징을 보입니다. 일반적으로 여성에게는 에스트로겐이, 남성에게는 테스토스테론의 비율이 상대적으로 높게 분포합니다. 그런데, 어떤 여성이 가진 테스토스테론 비율이 평균적인 다른 여성들에 비해 현저히 높다면, 그녀는 반대로 에스트로겐 비율이 높은 어떤 남성에 비해 더 큰 근육이나 더 강한 공격적 성향을 갖게 되는 것입니다. 마찬가지로 에스트로겐에 비해 테스토스테론 비율이 낮은 남성은, 나긋나긋한 말투와 부드러운 행동을 특징적으로 보여줍니다.

많은 사람이 남성은 이성적인 사고를 중심으로, 여성은 정서적인 감정을 중심으로 행동한다고 생각합니다. 그런데 사실 우리가 '사고'를 위주로 뇌를 사용할지, 또는 '감각과 정서'를 위주로 뇌를 활용할지는 각 개인의 성향일 뿐, 성별에 따른 근본적 차이는 아닌 것입니다. 다만, 앞서 언급한 대로 인류의 생존을 위해 필요한 일들로 인해, DNA에 각인된 유형들이 성별 지향 방식의 차이를 두드러지게 해왔을 뿐입니다.

'생각하는 뇌'의 장점은 주어진 상황 및 상황의 변화를 신속하게 분석하고, 빠르게 해결책을 도출하는 것입니다. 아마도 인류사를 통해 주로 남성들에게 필요했을 것으로 보입니다. 한편, '느끼는 뇌'의 장점은, 공동체 유지에 가장 필요한 정서적 유대와 공감을 끌어내고 화합을 조성하는 것이기 때문에 상대적으로 여성들에게서 더 발달했을 것입니다. 우리 사회에서 유행하는 MBTI 심리선호 유형의 구분 항목에서 T(사고 중심)보다 F(감정 중심)에서 여성들의 비율이 높게 나타나는 것도 이러한 영향이 있을 것입니다.

그러나, 과거와 비교할 수 없이 다양하고 달라진 삶의 방식과 관계들을 통해, 여성과 남성 사이의 '이성' 중심 대 '감정' 중심이라는 이분법은 앞으로 계속 희미해질 것입니다. 슬픈 드라마나 영화 장면을 보며 눈물 흘리는 남성 관객들을 덤덤하게 위로하는 여성들의 모습은 이제 자연스럽고 익숙하기도 합니다. 이성과 감성, 우리에게는 이 두 가지가 모두 필요합니다. 필요할 때, 필요한 자리에서 '생각하는 뇌'와 '느끼는 뇌'를 마음대로 활용할 수 있는 사람은 위대한 인간입니다. 이 과제는 여성들, 특히 소녀들에게 유리한 것입니다. 그것은 생각하는 일보다 느끼는 일이야말로, '노력'을 통해 도달하기에는 상대적으로 훨씬 더 어려운 목적지이기 때문입니다. 이미 느끼는 것을 잘 하는 사람은, 생각하는 일을 수용해서, 연습으로 체득하는 것이 더욱 수월합니다.

🔒 감성이 논리를 품는 기술

> " 감수성을 바탕으로 지성을 갖춘 소녀들이,
> 앞으로도 인류를 이끌어 갈 것 "

어린 아이들에게 마음에 드는 장난감들을 골라서 가지고 놀라고 하면, 여아들은 대부분 인형이나 주방 놀이기구를 선택하고, 남아들은 자동차나 로봇, 공룡 등을 집어 듭니다. 이 과정을 통해 남자 아이들은 희미하게 자동차나 로봇의 작동 원리에 대해 호기심을 갖고, 공룡들의 이름과 그들이 살았던 시기를 상상해 봅니다. 이것은 지적 호기심이라 할 수 있습니다. 마찬가지로 여자아이들도 인형이나 역할 놀이등을 통해 서로의 관계와 정서를 공유하고, 각 역할을 수행하는 인물이나 캐릭터가 어떤 느낌을 갖는지 궁금해합니다. 정서적 호기심이죠. 남아와 여아들의 차이는 심리적 지향을 보여주는 것입니다. 어떤 문제도 없고, 자연스러운 것입니다. 아마도 여자 아이들은 감성에 치우쳐, 남자들은 이성에 치우쳐 성장할 것입니다.

소녀인 여러분은 이미 정서적으로 상당한 수준으로 성장했을 것입니다. 그렇다면, 이제부터 감성으로 이성을 보듬는 방법을 수행할 시기입니다. 여러분은 어린아이가 아닙니다. 인형들을 대상으로 하던 역할놀이는 끝났고, 사람과 사람을 대상으로 관계를 맺는 뛰어난 능력을 발휘해야 합니다. 작은 호기심을 동원해 살펴보기만 해도 여러분의 남자 또래들, 즉 소년들이 어떤 정서를 갖고 있으며, 무슨 생각을 하는지, 그들이 관심을 갖는 주제는 무엇이고, 또 그들이 잘하는 것은 무엇인지 금방 파악할 수 있습니다. 소년들이 게임이나 운동을 좋아하고, 우주와 과학 그리고 사물들의 기계적 원리가 그들의 관심사라면, 그들이 좋아하는 대상과 관계를 맺어보는 것입니다. 그것은 지적 호기심을 필요로 하게 됩니다.

지적 호기심이 반드시 클 필요는 없습니다. 게임에 대한 작은 지식만으로도 또래 소년들과 자연스러운 대화가 수월하게 됩니다. 그들이 좋아하는 주제에 대해 그들만큼, 아니 세부적으로 오히려 그들보다 더 잘 아는 것들이 있을 때, 소년들은 경탄합니다. 그들의 표정은 그들 자신의 생각을 드러내는데 주저함이 없습니다. 생각보다 단순하게 그들은 쉽게 경탄합니다. 질투가 아니라 추앙입니다. 놀라며 감탄하는 표정 위로 존중이 깃드는 순간, 여러분은 '이성적 지향'을 바탕으로 성장한 여러분 또래의 소년들과 원활한 소통이 가능해진 것입니다.

다르게 표현하면, 감성이 논리를 품은 것, 즉 자연스럽게 '느낌 속에서 생각하는', 감각적 사고와 이성적 추론의 조화를 이뤄가는 것이죠. 감정의 두뇌가 생각의 두뇌를 보듬어 좀더 충만해지는 순간인 것입니다.

호기심이 고양이를 죽이던 때는 끝났습니다. 감수성 풍부한 소녀들이 지성과 지혜를 더 갖출수록, 인류를 이끌어가는 것은 앞으로도 계속 여성들일 수밖에 없습니다.

2

지혜와 지식에 대해

지혜는 사물이나 상황을 정확하게 판단하는 힘을 말합니다. 사물이나 상황에 대한 통찰력이라는 개념으로 생각해도 좋습니다. 지식은 무엇일까요? 한자어로도 우리말로도 '아는 것'입니다. 배워서든, 경험을 통해 느껴서든, 내 안에 축적한 이런저런 앎의 총체를 '지식'이라고 합니다. 저는 이 책을 기획할 때, 처음부터 저희 딸들과 같은 소녀들이 '지혜'에 대해서 터득하고, 지혜로운 삶의 선택을 하는데 도움 되는 글을 쓰고 싶었습니다. 그러나, 설명으로 습득 가능한 지혜는 진정한 의미의 지혜와 거리가 멉니다. 그런 것들은 '달걀 삶을 때 껍질을 쉽게 까는 방법'과 같은 일상의 요령들일 뿐입니다. 우리에게 들려오는 세상의 수

많은 목소리들 중에서 나에게 유익하고 필요한 것들만 선별하고, 무익하고 해로운 것들은 철저하게 배제할 수 있는 지혜는 설명만으로 얻어지는 것이 아닙니다.

당연히 이러한 차원의 지혜는 지식으로 해결되지도 않습니다. 더 많은 것을 아는 사람이, 더욱 지혜로운 것은 아님을 보여주는 수많은 사례들을 우리는 쉽게 찾을 수 있습니다. 학식이 풍부한 교수나 법률가들이 평범한 길거리 촌부들에 비해서도 통찰력이 떨어지는 것을 일상은 늘 보여주고 있습니다. 게다가 심지어, 잘못된 지식도 있습니다. 한글을 만든 것이 단군이라고 말하는 사람이 있다고 합시다. 그는 잘못된 지식을 알고 있는 것이고, 어떻게 보면 지식이 아닌 것을 지식이라고 '믿고' 있는 셈입니다. 문익점이 붓두껍에 목화씨를 숨겨 고려로 가져왔다는 유명한 역사 기술은 사실(목화씨 도입)과 거짓(붓두껍에 목화씨를 숨겨 밀반출)을 섞은 가짜 지식입니다. 지식을 아무리 많이 갖고 있어도, 지혜가 정비례로 늘어나는 것이 아닙니다.

그럼에도 불구하고, 지혜는 어느 정도 지식을 바탕으로 할 수밖에 없습니다. 앞서 지혜가 통찰력이라고 했는데, 이 통찰력을 다른 말로는 '식견識見'이라 부릅니다. 아는 만큼 보인다는 뜻입니다. 기본적인 것을 알지 못하면[識] 사물이나 상황을 맞닥뜨릴 때[見] 분간할 방법이 없습니다. 2007년 뉴스에 따르면, 우리나라의 한 지방법원장이 국제 전화사기 범죄조직이 아들을 납치했다는 전화에 속아 6천만 원의 보이스피싱 사기를 당하기도 했습니다. 지금은 자녀와 관련되어 급히 송금하라는 전화 유형 대부분이 보이스피싱임이 널리 알려졌지만, 당시만 해도 법관조차 익숙하지 않은 범죄 방식이었습니다.

알지 못하면, 분간하기 어렵죠. 그렇기에, 우리는 최대한 다양하고 광범위한 주제에 걸쳐 삶의 다양한 양상들을 지식으로 축적해 두어야 합니다. 이 세상의 야속한 법칙들에 의해 끊임없이 기만당하는 우리들이 더 이상 속지 않기 위해서 우리는 기본적인 지식을 축적하며, 지혜를 육성할 필요가 있습니다.

지혜는 '판단하는 힘'이며, 지식은 '아는 것' 그 자체이기 때문에, 당연히 지식이 많은 사람이 더 지혜로울수 있는 가능성을 품고 있습니다. 하지만, 앞서 말씀드린 대로 아는 것이 많다고 더 지혜로운 사람일 수 없는 것은, 지혜는 지식들을 종합하고, 재구성하고, 변용하여 최종적으로는 판단하는 능력이기 때문입니다. 제대로 된 판단을 하려면, 제대로 된 지식과 훈련이 필요합니다. 그럼에도 불구하고, 기본적인 지식을 갖고 있지 않은 사람이 지혜롭게 성장한다는 것은 정말 어려운 과제입니다. 우리들이 어떤 판단을 내리기 위한 객관적 사실관계 파악은, 선행지식 또는 원천지식을 가진 사람들에게 절대적으로 유리하기 때문입니다.

지혜를 성장시키는 기술

" 지혜는 갈망하는 영혼 위에 뿌리내리는 것 "

모든 성장은 '흉내 내기'입니다. 지혜의 시작은 지혜로운 사람들을 모방하는 것입니다. 그것은 신뢰할만한 지혜로운 사람들의 경험과 가르침, 그리고 그들의 통찰을 습득하여 나의 판단력으로 성장시키는 것입니다. 그러므로, 첫 번째 단계는 좋은 책을 많이 읽는 것입니다. 좋은 책이 무엇인지 알려면, 많이 읽어보면 됩니다. 많은 양의 책을 읽어보면, 그동안 읽은 책들 중 어느 것이 좋고 어느 것이 나쁜지 저절로 알게 됩니다. 그것이 지혜입니다. 항상 '책 한 권만 읽고 신념을 가진 사람'이 가장 무서운 것은, 주체적인 판단력 없이 남의 뜻에 맹종하는 사람이 나올 확률이 높기 때문입니다.

한편, 지혜는 불공평한 것입니다. 지혜는 운이 많이 필요합니다. 유전적으로 머리가 좋고, 이해가 빠른 사람들이 더 지혜롭게 될 수밖에 없습니다. 두 사람이 똑같이 많은 양의 책을 읽었어도 지혜를 깨치는 속도와 범위는 다른 것입니다. 게다가 그것보다 더 중요한 운은, 정말로 신뢰할 수 있는 성숙한 어른이 우리의 주변, 우리의 환경 속에 있는가 라는 것입니다. 저는 정말 좋은 스승과 어른들을 만나서 크게 운이 좋았다고 생각하기에 이 운을 도무지 무시할 수 없습니다. 하지만, 운과 상관없이 지혜로운 사람은 운을 돌파합니다. 자신의 운을 탓하고, 자신의 환경에 대한 불평으로 살아가는 것은 어리석음이 보여주는 맨얼굴임을 알고 있어야 합니다.

어떤 상황에서든 끊임없이 더 넓은 세계에 대한 호기심을 품고, 더 아름다운 가치, 그리고 더 다양한 삶의 경험들 속에서 얻어지는 좋은 선택들을 추구하는 것을, 지혜에 대한 갈망이라 합니다. 갈망은 우리를 행동하게 합니다. 좋은 사람 되기를 간절히 원하면, 결국 좋은 사람이 될 것입니다. 지혜를 갈망하면, 지혜로운 사람으로 성장할 것입니다.

3
'가스라이팅'에 대해

우리의 딸들이 지혜로운 사람으로 성장하기를 바라는 모든 부모님의 바람과는 반대로 이 사회는 끊임없이 그들의 지혜로운 성숙을 가로막는, 믿을 수 없는 어른들이 버티고 서 있습니다.

지혜는 운이 필요하며, 그중에서도 '신뢰할 수 있는' 어른이 우리 주변 환경에 존재하는 것이 중요합니다. '신뢰할 수 있는 어른'이 누구이며, 누구를 신뢰해야 할까요? 누구를 신뢰하기로 선택해야 지혜로운 판단을 한 것일까요? 얼마 전 대중 음악계에서 일어난 걸그룹 템퍼링 사건, 통칭 '피프티 피프티 사건'을 통해, 우리 딸들이 알았으면 하는, 지혜로운 판단의 기술에 대한 이야기를 해 봅니다.

피프티 피프티는 2022년 11월에 데뷔한 4인조 걸그룹입니다. 데뷔곡이 별다른 반응을 얻지 못하고, 3개월 뒤에 발표한 〈Cupid〉라는 음원이 인터넷 플랫폼 틱톡에서 엄청난 인기를 얻어, 그들은 데뷔 4개월만에 빌보드 메인차트에 진입하게 됩니다. 중소기획사에서 기획한 신인들임에도, 우리나라 걸그룹 역사상 최장기간 빌보드에 랭크되어 그들은 기적의 아이돌이라 불리우게 되었습니다. 그런데 놀랍게도 이 기적의 소녀들은 데뷔 7개월 만에 소속사를 대상으로 전속계약 효력정지 가처분 소송을 법원에 신청합니다. 소속사 대표 J씨는 이 소송이 음반 프로듀싱 총괄을 진행했던 프로듀서 A씨의 주도로 이뤄진 '멤버 강탈 시도'라고 주장했고, 실제로 언론을 통해 피프티 피프티 멤버들이 소속사 대표인 J씨가 아니라 프로듀서 A씨를 자신들의 대표로 간주하고 있었다는 사실이 드러났습니다.

이 두 명의 어른 중에서 한 쪽을 '선택'한 이 소녀들의 결정이 지혜로운 것이었는지 함께 생각해 보고자 합니다. 그리고, 과연 그들이 선택한 사람이 신뢰할 만한 어른인지, '신뢰할 만한 어른'의 기준이 도대체 어떤 것인지 이야기하겠습니다.

'신뢰할 만한 어른'의 기준이 무엇인가요?

우리는 모두 변덕스런 존재들입니다. 자장면이 먹고 싶다가도 갑자기 짬뽕이 땡기고, 어제까지 어떤 연예인을 열렬히 응원하다가 오늘 갑자기 그가 싫어지기도 합니다. 그런 감정의 변화와 기복은 자연스러운 것이고, 흔히 큰 문제가 되지 않습니다. 중요한 것은 가치관입니다. 가치관은 쉽게 변하는 것이 아닙니다. 그렇기에, 세상에 대해 언제나 불평하는 태도로 늘 남을 원망하는 부정적 가치관을 가진 사람은 거들떠볼 필요도 없습니다. 그들에게는 배울것이 없습니다. 힘든 가운데에도 희망을 말하고, 어려운 상황에서도 긍정적인 여유를 갖는 '진짜 어른'은 '일관된 긍정'의 가치관을 가진 사람들입니다. 긍정적인 자세로 일관된 진짜 어른들은 상황에 상관없이 여유를 갖고 있습니다. 여유가 있으니, 조급함도 없습니다.

반면에, 여유가 없는 사람들은 공통된 특징을 갖고 있습니다. 그 특징은 바로 '거짓'입니다. 마치 자기가 긍정적인 사람인 것처럼, 희망과 미래에 대해 좋은 말을 늘어놓으며 여유를 가장합니다. 여유가 없는데, 있는 척하려니 조급하고, 그래서 더 끝없이 거짓말을 합니다. 만들어낸 거짓말은 반드시 또 다른 거짓말들로 합리화해야 합니다. 거짓말쟁이가 기억력이 좋아야하는 이유는 바로 그것입니다. 거짓을 일상으로 하는 사람들은, 항상 말에 모순이 있고, 늘 불안을 느낍니다. 일상이 거짓말이 되어버렸기 때문에, 지어낸 거짓을 덮기 위한 새로운 거짓말들이 기하급수적으로 늘어나면, 정신적인 에너지 부담이 너무 커집니다. 그래서, 어떤 경우에는 본능적으로 이런 정신적 부담을 줄이려고 자기도 모르게 자신이 만들어낸 거짓을 스스로 진실이라고 믿어버리기도 합니다. 리플리 증후군이라는 용어도 이것을 가리킵니다. 사이비 종교의 교주나 전체주의 국가의 독재자 같은 이들에게서 찾아볼 수 있습니다. 자신을 신적 존재로 만들고, 사람들에게 맹목적 충성을 강요하면서, 스스로 자신을 '신'으로 착각해 버리면 되는 것이죠.

그러니, 적어도 거짓말을 하는 어른들, 거짓이 삶이 되어버린 어른들, 말과 삶에 일관성이 없는 어른들, 언제나 부정적인 말만 늘어놓는 어른들은 신뢰할 만한 어른이 절대로 될수 없는 사람들이라고 봐야 합니다.

A씨는 신뢰할 수 있는 어른인가요?

성인이 되고 취업을 하려면, 자신의 이력과 포부를 담은 서류를 바탕으로 면접 기회를 얻습니다. 그 후 직장을 옮기거나, 새로운 비즈니스를 할 때도 우선 처음 만나는 사람들에게 나의 이력을 소개해야 합니다. 그래서 그 사람의 능력을 판단할 수 있는 것이 서류상의 몇 줄밖에 되지 않더라도, 그 몇 줄을 위해 수많은 사람이 오늘도 밤새워 노력하고 있는 것입니다. 당연하게도, 일반적인 사회에서 학력이나 경력이 좋은 사람들이 채용이나 비즈니스에 상대적으로 유리할 수밖에 없습니다. 그래서, 자신의 이력에 대해서만큼은 진실할 것을 요구하고, 많은 기업은 그것이 정확한지 검증하는 절차를 통해 혹시라도 억울한 피해자가 나오지 않도록 합니다. 그럼에도 불구하고, 자신의 이력을 속여서라도 사회의 인정을 받고자 하는 일부 조급한 사람들, 즉 '여유 없는' 사람들이 늘 있게 마련입니다.

대중음악 업계에서는 어떨까요? 사실 연예인들에게 인기는 학력이 아닌, 매력이 중요한 것이지만, 음악을 만들고 유통시키는 사람들에게는 다른 문제일 수 있습니다. 그런데, 피프티 피프티 멤버들이 믿고 따르는 프로듀서 A씨는 평소 음악산업 관계자들에게 자신이 명문 J대 출신임을 말해왔다고 합니다. 실제로 J대는 졸업생 명단에 A씨가 없다고 공식적으로 밝혔습니다. 얼마 전까지도 포털 사이트에 기재된 J씨 공식 프로필에는 J대 경영학부 졸업이라고 되어 있었다가 언론 취재 이후 삭제되었습니다.

출신 대학뿐이 아닙니다. 본인이 직접 등록하고 수정할 수 있는, 유명 구인구직 플랫폼에도 A씨가 등록한 많은 경력 대부분이 사실과 다르게 부풀려졌거나 거짓이었다는 게 드러나, 현재는 해당 플랫폼에서 본인의 회사를 제외하고는 모든 경력이 삭제되었습니다. A씨측에서는 이를 두고 오기재였다는 입장을 내놓았는데, 자기가 등록하는 자기의 경력을 오기재할 수 있는 방법은 '의도적 오기재' 외에는 없습니다. 어린 소녀들이 보기에도 납득하기 어려운 변명일 것입니다.

전교 회장을 하겠다고, 여러분의 친구가 거짓된 경력들을 줄줄이 자신의 것처럼 말한다면, 그 사람을 믿고 따르는 다른 친구들이 어떻게 보일까요?

피프티 피프티 소녀들의 결정은 지혜로운 것일까요?

피프티 피프티가 어린 소녀들 네 명으로 구성된 걸그룹임을 말씀드렸습니다. 제가 이 멤버 소녀들 중 한사람이라고 상상을 해 봅니다. 사실이 아닌, 제가 상상으로 지어낸 이야기를 그녀의 시점에서 적어봅니다.

…… 가수로 유명해져서 인기도 얻고, 돈도 많이 벌기 위해 연습생 과정의 치열한 경쟁과 훈련 끝에 살아남아 데뷔를 했습니다. 소속사 대표님은 경쟁이 치열한 국내보다 해외 진출에 집중하자시고, 영어와 연기, 운동, 보컬, 댄스 레슨까지 이것저것 뭐 많이 받게 하시는데, 생각보다 많이 힘들었어요. 데뷔 초에는 가끔 찾아오셔서 먹을 것도 사주시고 하더니, 요즘엔 우리에게 전혀 신경을 쓰지 않으시는 것 같아요.

사실 우리 프로듀서인 A 대표님이 진짜 좋으신 분이죠. 따뜻하고 친절하시고 상세히 가르쳐 주시고, 항상 우리가 최고라고 말해주셔서 멤버들 모두 우리 진짜 대표님이면 좋겠다고, 아니 진짜 우리 대표님이라고 생각해요. 데뷔곡이 잘 안되어 마음이 답답했는데, 〈큐피드〉가 틱톡에서 큰 인기를 얻고, 빌보드 상위권에 랭크되어서 너무 행복해요. A 대표님의 고생과 수고가 아니었다면, 이렇게 빨리 빛을 볼 수 있었을지.

그런데 소속사 대표님은 A 대표님께 맨날 화를 내고 억지를 부리신다고 들었어요. 우리 성공이 사실은 전적으로 A 대표님 덕분이었다는 걸 인정하지 않으시려 해서 화가 나요. 심지어 A 대표님을 쫓아내려고 하신대요. 소속사 대표님은 우리에게 투자하라고 받은 돈을 횡령해서 다른데 쓰셨다는데, 저나 저희 가족들이 보기에도 정말 잘못된 일인 것 같아요. 불공정한 소속사와

J 대표님으로부터 빨리 벗어나야 할 것 같아요. 멤버들과는 결론을 내렸어요. ……

피프디 피프디 사건을 보며, '가스라이팅'이라는 단어가 가장 먼저 떠올랐습니다.

'가스라이팅'은 심리학 용어입니다. 정의에 따르면, 가스라이팅은 타인의 심리나 상황을 조작해 스스로를 의심하고 주체성을 잃게 만들어, 그 사람을 향한 자신의 지배력을 강화하는 행위를 말합니다. 심할 경우, 가스라이팅을 당하는 사람은 정신적으로 크게 황폐해지고, 모든 주체성을 아예 상실하게 됩니다. 어떤 분들은 피프티 피프티 멤버들인 소녀들이 모두 스무 살이 넘은 성년이기 때문에, 그들의 선택과 행위에 대해서 A씨에게만 비난의 화살을 돌릴 것이 아니라, 소녀들에게 응당한 책임이 있다고 말합니다. 맞습니다. 우리 모두는 우리의 선택에 대해 책임을 져야 합니다. 그렇지만, 앞서 말씀드렸듯이 현직 고위직 법관으로 재직중이었던 지방 법원장조차도 보이스피싱 사기 조직에게 고스란히 피해를 당하고 말았다는 사실을 생각해 본다면, 제대로 된 사회 생활조차 해 보지 못한 소녀들을 향해, 계획적인 가스라이팅이 이뤄졌을 때, 그들이 온전한 상태에서 주체적인 판단을 내린 것이었다고 단정짓기는 어렵습니다. 그리고, 그들이 믿고 따랐던 외주 업체 대표인 프로듀서 A씨가 보통의 사람들에 비해 훨씬 많은 거짓말들로 자신을 포장해 왔던 행위에 대해서는 아마 멤버들은 알지 못했을 것입니다. 그것은 소송 사건 이후에, 언론에 의해 밝혀진 사실들입니다.

살면서 이런저런 문제와 어려움은 늘 일어날 수 있고, 우리의 어리석은 선택이 그 문제를 더욱 확대시킬 수도 있습니다. 중요한 건, 그 문제 이후에 취하는 우리들의 삶에 대한 태도인 것입니다. 혹시라도 내가 누군가의 의도에 의해 지혜롭지 못한 판단을 내린 것은 아닌지, 즉 가스라이팅을 당하고 있는 것은 아닌지, 그렇다면 앞으로 어떻게 위기를 벗어나고 새롭게 시작할 수 있을지에 대해서 또 한 번 '선택'을 해야 하는 것입니다. 어찌 보면 그렇기에 또 '운'이 중요합니다. 우리가 신뢰할 수 없는 사람을 지나치게 믿었던 나머지 잘못된 선택을 했다면, 그것이 왜 문제인지를 제대로 알려주고, 우리 생각과 태도에 변화를 이끌어 줄, '진짜 신뢰할 만한 사람들'이 주변에 있어야 하는 것입니다. 특히 소녀 시기에 마침 신뢰할 수 있는 어른이 주변에 있다면, 그 자체로 그는 정말 운이 좋은 것입니다. 그렇다면, 혹여 운 없는 소녀가 가스라이팅에서 벗어나기 위한 기술이 있을까요?

'마음 감옥'에서 탈출하는 기술

> ❝ '가스라이팅'을 벗어나려면,
> 의심하고, 따져보고, 용기를 낼 것 ❞

우선, 의심해야 합니다.

철학자 데카르트는 의심하고 있는 자기 자신이야말로 의심할 수 없는 확실한 지식의 토대라는 생각을 했습니다. 이것을 방법론적 회의라고 합니다. 가스라이팅을 당하는 사람은 자기가 혹시 가스라이팅을 당하고 있는가라는 의심을 하지 않습니다. 나의 판단과 삶을 이끌어주는 대상을 향한 철통같은 믿음만을 가지고 있을 뿐입니다. 당장 여러분도 지금 여러분의 힘이 되어 주고, 여러분이 철석같이 믿고 있는 어떤 분을 무작정 의심해 보세요. '의심'만으로는 아무 일도 일어나지 않습니다. 우리 자신, 또는 우리들의 삶이 가스라이팅을 당하고 있을지도 모른다는 '의심'을 하지 않으면, 가스라이팅 상태를 벗어나는 것은 고사하고, 이것이 가스라이팅인지 인식하는 것조차 영영 불가능할 것이기 때문입니다. 이 '의심'은 내가 주체적으로 사유하고 있음을 상징적으로 보여주는 첫 걸음이 됩니다.

의심하는 일은 쉽지 않습니다.
그렇다면, 관찰해보세요.

여러분의 판단과 행동에 절대적인 영향을 미치는 사람이 어떤 말을, 어떤 태도로 하고 있는지 관찰해보세요. 그분이 신뢰할 수 있는 사람인지 기준을 따져봐야 합니다. 신뢰할 수 있는 사람들의 특징은 여유입니다. 그들은, '본인들만이 유일하게 신뢰할 수 있는 사람은 아니다'라는 말과 태도에 일관되어 있습니다. 예를 들어, '진짜 신뢰할 수 있는 사람'들은, 어떤 논쟁적인 사안에 대해 자기들의 생각을 말할때, 현재 자신은 그것에 대해 이러이러한 생각을 가지고 있지만, 그것이 틀릴 수도 있고, 더 합리적이고 정당한 생각을 가진 사람이 등장할 수 있다는 열린 태도를 보입니다.

반면, 가스라이팅을 하는 나쁜 사람들은 두 가지 폐쇄적인 태도를 가지고 있습니다. 첫 번째는 '자신만이 옳고, 너는 틀렸다'라는 태도이고, 두 번째는 '자신만이 옳고, 남들은 틀렸다'는 태도입니다. '너는 틀렸다'라는 말은 그가 가스라이팅 대상자, 즉 가스라이팅의 피해자를 존중하지 않고, 주체적인 판단이 불가능한 하찮은 존재라고 여기고 있음을 보여줍니다. 초기에는 피해자에게 정말 잘해주는 사람처럼 접근해서 신뢰 관계를 만들다가, 어떤 믿음을 얻고 난 이후에는 상대를 사람이 아닌 자신의 '소모품'으로 간주합니다. 그러니, 피해자가 스스로 주체적인 생각을 하려는 징후를 보이면, 바로 '너는 틀렸다'라는 메시지를 강제로 주입하며 자신의 지배적인 위치를 강화하고, 모든 판단을 자신의 의지로 좌지우지하려 드는 것입니다.

가스라이팅은 앞서 언급한 두 가지 폐쇄적인 태도 중에서 두 번째 태도를 통해서 가장 선명한 특징이 드러납니다. 그들은 항상 '나만 옳고, 남들은 틀렸다'라는 명제를 수용할 것을 강요합니다. 그것을 통해, 그들은 가스라이팅의 대상, 즉 피해자를 향한, 다른 사람들의 접근과 대화를 철저하게 차단하고, 자신의 말을 절대자의 그것처럼 받들게 합니다. 흔히 반사회적 종교 집단이 폐쇄적으로 외부인들을 차단하는 현상에서 우리는 그것을 잘 확인할 수 있습니다.

가스라이팅 피해자를 향해, 다른 사람들의 말을 무조건 배척하도록 강요하는 것이 가장 뚜렷한 가스라이팅의 특징임을 기억하시기 바랍니다. 여러분 주변의 어른이 여러분과 다른 사람의 관계를 합리적인 이유없이 차단하려 든다면, '의심'할 수 있습니다.

빠르게 판단해야 합니다.

누군가 여러분의 주변에, '자신만이 옳다고 강제'하는 사람이 있어서, 그가 '타인과의 대화나 만남조차 못하도록 배척'하는 환경에 본인이 놓여있다는 사실을 깨닫게 됐다면, 당신은 가스라이팅을 당하고 있다고 판단해야 합니다. 그리고 이 판단은 빨라야 합니다. 상황을 벗어나기 위해 빨리 움직이는 것도 필요합니다. 우리말 용기勇氣라는 단어의 한자어는, '날래다, 민첩하다, 과감하다'라는 의미의 용勇과 '기운氣'이 결합해 구성되었습니다. 그러므로, 용기는 의외로 속도와 크게 관련 있습니다. '날쌔게' 현 상황으로부터 벗어나는 용기, 빨리 신뢰할 만한 다른 사람에게 도움을 청하는 용기를 내야 합니다. 용기를 '내다'라는 표현도 자기 자신의 내면에서부터 스스로 기운을 밖으로 '꺼낸다'는 뜻입니다. 용기를 내지 않으면, 나의 삶에 바뀌는 것은 아무 것도 없습니다. 내게 가스라이팅을 가했던 상대로부터 벗어나더라도, 또다시 다른 상대에게 가스라이팅을 당하지 않으리라는 법은 없습니다. 가스라이팅을 벗어나기 위한 목적은 단 하나, 나의 '주체성'을 회복하는 것입니다.

4
우울증과
마음의 병에 대해

　체력이 약하고, 마른 체형의 사람들이 상대적으로 우울증 유병률이 높다는 연구가 있습니다. 힘이 없다는 것은 자신의 몸에 대한 통제력도 약하지만, 이 세상이 던지는 수많은 부정적인 메시지들을 걸러낼 힘도 상대적으로 약하다는 것입니다. 특히, 요즘은 얼굴 한 번 본적 없는 사람들과도 디지털 메시지를 통한 소통이 늘상 이뤄지고 있기에, 직접적인 대화가 아니더라도 세상의 메시지에 더욱 끝없이 노출됩니다. 특히 유명 사이트의 게시판에는 익명 유저들의 '정제하지 않은 표현과 의견'들이 무분별하게 쌓이며, 마치 그것이 시대의 가치인 것같은 착각을 어린 세대 이용자들에게 불러일으킵니다.

여성들, 특히 소녀들의 경우 가스라이팅에 취약합니다. 그리고 그 가스라이팅을 수행하는 주체가 사람이 아니라, 이 '세상'이 되기도 합니다. 이 세상은 '소녀들'을 향해 악마같이 속삭입니다. '너는 무능하다, 못생겼다, 멍청하다, 무가치하다, 존재 가치가 없으므로 이 세상에서 없어져야 한다'와 같은 메시지를, TV나 유튜브 출연자들의 입을 통해, 인터넷의 댓글과 SNS 메시지 등으로 끊임없이 쏟아냅니다. 문제는 일부 소녀들이 그런 무가치한 메시지들에 귀를 기울이고, 때로는 정성스럽게 자신의 소중한 가치를 기꺼이 포기한다는 사실입니다. 이렇게 세상의 가스라이팅에 일단 넘어가면 우울감과 불안 증세를 겪다가, 정도가 심해져서 때로는 환청이 들리고, 일어나고 있지 않는 일들을 보게 되는 환각마저 경험하게 됩니다. 이것을 조현병이라 부르는데, 이것은 마음의 병이고, 10대 후반에 발병되는 경우가 많습니다.

우울증은 타인의 부정적인 목소리를 경청하며, 스스로 기록하는 자기 자신을 향한 악플의 축적입니다. 부정적인 타인의 시선과 평가에 공명한 자연스런 결과입니다.

당신이 이 세상에 쓸모없다고, 나아가 당신의 존재는 이 세상에서 사라져야 한다고 외치는 악마의 속삭임에까지 귀 기울일 필요는 없습니다. 그런 것까지 신경써서 들어주는 당신이 지나치게 자상한 사람일 뿐입니다. 가령 철석같이 믿었던 사람이 당신을 배신하거나, 사랑했던 사람이 불의의 사고나 질병으로 이 세상을 떠났다거나, 당신의 꿈을 향한 여정이 반복되는 실패를 경험한다 하더라도 그것은 당신이 무가치해서 일어나는 일이 아닙니다. 일어날 일은 일어나는 것이고, 거기에 갖다 붙이는 원인은 결국 '태도'일 뿐입니다.

마음 아픈 일의 모든 원인을 당신에게로 돌려 이 세상으로부터 등 돌리게 하는 것이 악마의 계획입니다. 굳이 그것에 동조해 당신의 가치를 무의미라는 봉투 속에 분리수거하지 말아야 합니다. '너는 왜 태어났느냐, 그러한 모든 불행을 가져오려고 이 세상에 존재하느냐'와 같은 질문은, 당신의 슬픔을 힘의 원천으로 삼고자 하는 존재들에게 기쁨을 공급할 뿐입니다. 크든 작든 불행들이 지나가는 것은 우리의 힘 밖에 있는 것이며, 우리는 오직 '행복하게 살기 위해 힘을 다하는' 존재인 것입니다. 부정적인 목소리를 강제하는 가스라이팅으로부터 빨리 벗어나도록 다음의 기술을 사용해 봅시다.

🔒 우울감을 흩뜨리는 기술

> " 당신이 움직이며 일으킨 바람을 따라,
> 우울감도 흩어질 것 "

체력이 약한 사람이 우울증 유병률이 높은 것은 이유가 있습니다. 자신의 몸을 자신의 의지대로 움직이지 못할 때, 자신의 안과 밖에서 외치는 부정적인 메시지가 더 크게 들리기 마련입니다. 유난히 목소리가 작은 사람들이 있는데, 그들은 타인의 목소리가 천둥처럼 들립니다. 그러니 눈치를 보게 되고, 시키지 않았는데 미리 주눅들어 매사에 소극적일 수밖에 없죠. 그러므로, 힘을 기르는 것이야말로 세상이 찍어내는 온갖 악플들로부터 벗어나도록 하는 가장 기본적이고도 확실한 방법입니다.

움직이세요. 일단, 일어나서 걷습니다. 천천히 뗀 발걸음을 조금씩 빠르게 한다면, 주변의 풍경들이 눈에 들어올 것입니다. 우리의 풍경은 우리의 속도에 맞춰 달라집니다. 결국 우리의 속도에 따라 달라지는, 우리가 바꿔내는 풍경들을 즐기며 걷다 보면 작은 여유가 싹틀 것입니다.

처음부터 빠르게 오랫동안 걸을 필요는 없지만, 부정적인 마음이 들 때마다 몸을 일으켜, 항상 새로운 바깥 세상의 풍경들을 누리는 일이야말로 안좋은 생각들을 떨쳐내는 우리 자신의 작은 의식입니다. 같은 길을 걸을지라도 그 길 위의 사람들이며, 강아지와 개미들, 새들과 꽃, 구름과 바람, 공기와 햇빛은 언제나 달라집니다. 매일 조금씩 걷고, 잘 먹고 잘 자려고 애쓰면서 몸을 쓰면 조금씩 힘을 기를 수 있습니다. 국민 체조든 틱톡 댄스든 내 몸을 일으켜 움직이고 흔들어 보세요.

우리가 몸을 움직이며 일으킨 바람을 따라, 우울감도 흩어질 것입니다.

5
'자존감'과 '자존심'에 대해

　　자존감과 자존심은 끝의 한글자 차이지만, 철저하게 반비례 관계를 가진 단어들입니다.

　　자존감이란 자기 자신을 가치있고 귀하게 여기는 마음입니다. 자신감과 매우 깊은 관계를 가지고 있습니다. 자신의 존재와 삶을 긍정하는 태도입니다. 그렇다고, 타인의 생각을 무조건 배제하는 것은 아닙니다. 다른 사람의 견해를 존중하되, 그것에 크게 흔들리지 않습니다. 자기 확신을 바탕으로 스스로를 귀하게 여기는 이들이 자존감이 강한 사람들입니다. 그들은 함께할 때 더욱 빛납니다. 존재 자체로 그들을 사랑해주고 믿어주는 사람들이 있습니다. 타인들의 평가는 참조하되, 애정 어린 조언을 수용하고, 합리적인 기준에 따라 자신의 생각과 가치 기준들을 점검합니다. 스스로에 대한 확신이 있어 가능합니다. 자존감은 스스로를 사랑하고 귀하게 여기는 마음으로부터 비롯하는 것입니다.

그런데, 자존심은 자존감과는 정반대입니다. 자존심은 자신의 것이 아닌, 타인들의 가치와 기준으로 나를 판단하는 것입니다. 자존심이 강한 사람들은 자신에 대한 확신이 없습니다. 스스로에 대해 믿음이 부족하기 때문에, 어떻게든 남과의 비교를 통해 우월감을 느끼려 합니다. 그러니 항상 타인의 시선을 의식하고 타인의 평가에 의해 삶이 크게 흔들립니다. 자존심이 강한 사람들은 약자들을 향해 배타적이며, 약자들을 자신의 지배아래 두려 합니다. 집단 따돌림이나 학교 폭력 등은 자신들의 약한 자존감을 숨기기 위한 본능과 타인들의 시선에 얕보이고 싶지 않은 강한 자존심에 의해 주도됩니다.

자존심이 강한 사람은 자존감이 약하기 때문에, 재산이나 위력과 같이 타인들의 눈에 잘 보일 수밖에 없는 가치들로 평가받으려고 조급해 합니다. 그러니, 자기 자신을 긍정하는 일에 소홀합니다. 자존감이 낮은 사람들과 대화해 보면, 오히려 다른 사람들보다 먼저 스스로 자기 자신의 가치를 깎아내리고, 끊임없이 스스로를 학대하며, 그 이유를 찾아 합리화합니다. 그래서 자존심이 센 친구들이 더 예민하고 신경질적일 수밖에 없습니다. 자존감이 높은 사람은 잠도 잘 자고, 우울감이 거의 없습니다. 스스로를 사랑하고 긍정하는 힘을 바탕으로 살아가는 사람들은, 돈이 없다고, 몸이 약하다고 타인을 괴롭히지 않습니다. 자존감과 자신감의 반비례 관계는 인간에게서 찾을 수 있는 가장 뚜렷한 법칙 중 하나입니다.

그렇지만, 자존감이 강한 사람도 얼마든지 약해질 수 있습니다. 스스로를 사랑하고 긍정적으로 생활하는 '자존감 높은' 사람일지라도 건강이 안 좋아져서 장기간 고통을 받거나, 뜻하지 않게 중요한 일이나 사업에서 실패가 반복된다면 스스로에 대한 자신감이 약화되며, 자존감에 금이 갈 수 있는 것입니다. 자기에 대한 확신이 흔들리고 타인의 눈치를 보며 부정적인 생각의 지배를 받게 되는 순간, 자존감의 자리에 자존심이 들어서는 것입니다. 그렇기에 우리는 나 혼자만이 아닌, 서로가 필요합니다. 결국, 자존감에도 자존심에도 타인의 역할이 중요한 것입니다. 우리가 누군가를 존중하고 사랑할수록 그의 '자존감'을 높이는 것이며, 반대로 우리가 누군가를 평가하고 깎아내릴수록 그의 '자존심'의 벽을 쌓아 올리게 되는 것입니다.

🔒 '나'를 지키는 기술

> ❝ 몸의 상처는 저절로 아물지만,
> 마음의 상처는 함께 '보듬어' 줄여가는 것 ❞

자존심이 강한 사람들은 타인에게 상처받지 않으려고, 가까운 사람들을 향해 도리어 낯선 말과 행동을 하면서 먼저 상처를 주는 경우가 많습니다. 이런 것을 방어기제라고 합니다. 상처받지 않으려고 먼저 상처를 주는 모습은, 자기에게 다가오는 구조대를 향해 발톱을 세우는 길고양이의 그것과 다를바 없습니다. 다른 사람의 평가를 통해 자신의 존재 가치를 찾는 사람들은 때로는 결국 우울감이 심해져서 극단적 선택을 생각하기도 합니다. 그것은 그들이 사회 속에서 자신을 무가치하다고 받아들여, '삶의 이유'를 찾지 못하기 때문입니다.

'상처받지 않는 기술'이 있다면 좋겠지요. 하지만, 어떤 병이나 상처도 미리 차단하는 방법은 없기에, 우리에게는 '상처를 치유하는 기술'이 더 필요하고, 그것은 우리가 서로를 지키기위해 보듬는 것을 통해 가능한 것입니다.

우리가 지킬 것은 자기 자신입니다. 스스로를 사랑하고, 자기 자신을 사랑할 만한 이유들을 계속 찾아내고, 만들어 내며 습관화 시키는 것입니다. 부모님이든, 가족 외의 누구든, 타인으로부터 '사랑 받고 자란' 사람들은 자기를 사랑하는 것이 자연스럽고 익숙합니다. 그렇지만, 불우한 환경속에서 성장하며 학대를 받거나, 사람들로부터 따돌림을 당하게 된 사람은 어떨까요? 지금도 잊혀지지 않는 어떤 소녀의 안타까운 넋두리를 기억하는데, 그녀는 우주가 자신을 저주하기 위해 돌아가고 있는 것처럼 느낀다는 표현을 했습니다. 그런 그를 향해서 '스스로를 사랑하며, 자존감을 높게 가져!'라고 말하는 것은 정말 헛된 것입니다.

막연히 스스로를 귀하게 여기라는 조언은 공허한 말의 사치입니다. 마치 걷기 힘들어 주저앉은 사람을 향해, 당장 마라톤 완주를 권하는 것처럼 한없는 괴리감만 줄 뿐입니다. 조언은 말로 돕는 것이 아니라 '도우며 하는 말'이어야 합니다. '사랑을 받아보지 못한 사람'에게 스스로를 사랑하고 지키라고 '상상하게' 만드는 것이 아니라, 사랑하는 마음으로 그의 존재를 인정하고 받아들여 주면서 '경험하게' 하는 것입니다. 그것이 돕는 것입니다. 몸에 난 상처는 약을 바르지 않아도 저절로 아물지만, 마음의 상처는 함께 보듬어 크기를 줄여가는 것입니다. 남을 돕는 것처럼 보이지만, 사실은 스스로를 돕는 것이죠.

거리의 고양이를 한번쯤 측은하게 바라본 사람은, 존재하는 것들이 가지고 있는 각각의 찬란한 빛을 볼 수 있습니다. 그 빛을 향해 서로가 움직이며, 함께 돕는 치유의 현장 속에, 각자의 자존감이 찬란하게 반짝일 것입니다.

6
'회복탄력성'에 대해

　제가 정말 좋아하는 영어 단어 중의 하나가 'resilience리질리언스'입니다. 우리말로는 회복탄력성이라고 번역하죠. 이 단어의 어근 부분인 'sili'는 라틴어에서 유래한 것으로 '뛰다, 도약하다, 튀어나오다'라는 뜻을 갖고 있습니다. 'sali, sili' 등이 어근으로 들어간 단어들에는 이런 의미가 함께 쓰입니다. 그래서 우리말로 '현저한, 중요한, 두드러진'이라는 뜻을 가진 'salient샐리언트'라는 단어는 '여러 가지 중에서 튀는 것'을 의미하게 됩니다. 그리고, 우리가 잘 아는 단어 'silly실리'가 '어리석다'라는 뜻을 갖게 된 것도 이와 비슷한 이유입니다. 누군가와 대화를 하고 있는데, 어떤 사람이 맥락과 상관없이 대화에 불쑥 끼어들어 이상한 말을 던진다고 생각해 보세요. 'silly'는 불쑥 튀어나와 헛소리를 하는 사람이 어리석다는 뜻이 됩니다. 강물을 거꾸로 거슬러 힘차게 튀어오르는 연어가 'salmon 새면'인 것도 이런 맥락입니다.

그런 의미에서 're(다시)'와 'silience(도약하다)'가 결합된 resilience, '회복탄력성'이라는 단어는 땅에 떨어진 공이 다시 튀어오르듯이, 역경이나 고난 앞에 굴하지 않고 재도전하는 불굴의 의지를 가진 사람의 모습을 갖고 있습니다. 회복탄력성이 강한 사람은, 실패가 그의 앞을 가로막고 더 이상 나갈 수 없게 만드는 장벽으로 여겨지지 않습니다. 오히려 자신의 앞에 차례차례 놓여지며, 자기를 더 높이 뛰어오를 수 있게 도와주는 '도약대'로 여길 수 있는 것이죠. 회복탄력성은 넘어지지 않는 것이 아니라, 넘어졌다가 다시 튀어오르는 활력과 의지를 말합니다.

그렇지만, 회복탄력성이 '꺾이지 않는 마음'과 같은, 성공에 대한 강한 집념은 아닙니다. 《회복탄력성》이라는 책의 저자 김주환 교수는, 반드시 성공해야겠다는 강력한 의지나 집념이 오히려 회복탄력성을 약화시킬 수 있다고 말했습니다. 강한 집착이 부정적 정서를 유발할 가능성이 높기 때문이죠. 이 경우에는 오히려 목적 달성 여부에 얽매이지 않는, 그러니까 넉넉한 삶의 태도를 바탕으로 '실패에 대해 두려워하지 않는 태도'가 강한 회복탄력성을 뜻한다는 것입니다. 결국, 회복탄력성의 세기는 우리의 탄탄한 정서적 근력에서 비롯되는 마음의 '여유'가 얼마나 넘치는가의 여부입니다.

십대 소녀들에게 처음부터 그런 마음의 여유가 넘치기를 요구하는 것은 공정하지 않아 보입니다. 그렇지만 여러분이 '태도의 여유'를 지닌 채 앞으로 펼쳐질 수많은 생의 이벤트를 맞이하게 된다면, 미래의 후회는 결코 적을 것입니다. 일반적으로 나이가 적은 사람들이 목표 앞에서 더 조급해할 수밖에 없는데, 그것은 그들이 인생에 누적한 경험치가 부족하기 때문입니다. 지나고 나서 보니, 별것 아니었다라는 종합적 판단은 겪어본 사람들이 할 수 있는 것이니까요. 그러니, 혹시 여러분이 실패의 터널을 지나고 있다고 느낀다면, 준비하세요. 일어나 다시 튀어오를 준비 말입니다.

🔑 마음을 복원해 살리는 기술

> " 부러졌던 뼈가 더 튼튼하듯,
> 상처를 극복한 마음이 더 탄탄! "

강한 회복탄력성은 강한 긍정적인 마음입니다. 처음부터 회복탄력성을 강하게 타고나는 사람들도 분명 있습니다. 그렇지만, 회복탄력성도 연습과 반복을 통해 강화할 수 있는데, 앞서 말씀드렸던 《회복탄력성》이라는 책에 몇 가지 구체적인 방법이 제시되어 있습니다. 예를 들어, 우리가 평소에 말하고 사고하는 방식 story-telling 을 통해, 자신의 노력을 인정하며, 역경에 대해 긍정적인 자세로 자신의 강점을 발견하는 것입니다. 그리고 상대방의 말에 공감하며 표정을 따라해 본다거나, 실패노트와 감사일기를 매일 기록한다거나, 자기 통제력을 키우도록 규칙적인 운동과 독서 등을 하는 것도 회복탄력성을 높이는 방법이죠.

결국, 회복탄력성을 높이는 것은 우리들의 삶의 태도를 긍정적으로 변화시키는, 마음의 근력 강화 훈련이라고 할 수 있습니다. 자신의 몸을 스스로 통제할 수 있는 힘이 근력이며, 가능한 한 열심히 근력 운동을 하시라고 권해 드렸듯이, 상처받고 낙담한 마음을 스스로 일으킬 수 있는 마음의 근력 또한 운동을 통해 강화시켜야 합니다.

일반적으로 우리의 신체에서 근육이 성장하는 원리는, 손상의 복원을 통한 치유와 재생입니다. 우리가 근력 운동을 하면, 근육 섬유에 미세한 손상이 생기는데, 이것을 치유하기 위한 신체의 다양한 반응을 통해 근육 조직이 처음보다 더욱 강하게 복구되고, 그 크기도 더욱 커지는 것이죠. 이러한 근육의 성장 원리와 마찬가지입니다. 소녀들의 삶에서 경험하게 되는 어떤 아픔이나 실패가 일시적으로 그들의 마음 근육에 작은 손상을 일으키지만, 이것은 반드시 낫습니다. 손상이 복원된 이후에는 자연스럽게 여러분을 더 강하게 만들어줄 것입니다. 마음의 상처가 치유되고 재생하며 복원되어 가는 과정을 통해, 여러분의 마음은 더 튼튼해질 것이며, 선물로 '여유'라는 놀라운 긍정적 자산이 쌓일 것입니다.

부러졌다가 다시 붙은 뼈는 전보다 더 튼튼한 법입니다.

7

불안감에 대해

    우리는 항상 불안합니다. 힘이 약한 초식동물들이 한순간도 쉼 없이 주위를 경계하며 불안해하는 것처럼 소녀들의 삶은 불안하게 하는 것들로 가득합니다. 특히 자신의 불만을 해소하기 위해 무분별하게 흉기를 휘두르는 사람들에 대한 뉴스를 듣고 집을 나설 때면, 반대 방향에서 걸어오는 사람이 우리 곁을 지나쳐서 어느 정도 멀어지기까지는 불안한 마음이 가득할 수밖에 없습니다. 우리와 아무 상관 없는 사람조차 그 사람이 우리에게 어떤 짓을 할까봐 두려워해야 하는 세상을 살아가는 우리들에게 불안은 일상입니다. 혹여 불안함을 느끼지 않고 하루를 마무리하는 밤이면, 도리어 불안하지 않아서 불안을 느끼게 되는, 다른 불안감이 엄습하기도 합니다.

우리가 불안해하는 원인은 정말 단순합니다. 첫째는 우리들의 미래에 어떤 상황이 전개될지 '알 수 없다'는 사실 때문이고, 두 번째는 스스로에 대한 불신 때문입니다.

시험을 본다고 합시다. 우리는 무슨 문제가 출제될지 알 수 없고, 그날 우리의 기억이나 신체 컨디션이 어떨지 몰라서 불안합니다. 만약 모든 문제에 대해 정답을 알고 있는 사람이라면, 당연히 자신이 선택한 답에 대해 불안함을 느끼지 않겠지만, 우리들 대부분은 모르는 문제에 대해 어쩔 수 없이 답을 찍고, 그 결과로 성적이 어떻게 나올지 몰라서 또한 계속 불안해 하는 것입니다.

준비를 많이 했을 경우 상대적으로 덜 불안합니다. 예를 들어, 엄청난 육체적 훈련을 통해, 어떤 갑작스런 돌발 상황에도 대응이 가능한 운동선수가 길을 걷고 있다면 반대편에서 자신을 향해 걸어오는 사람에게 그리 큰 불안을 느끼지 못할 것입니다. 아마 여러분도 반대 방향에서 여러분을 향해 걸어오는 사람이 노란색 원복을 입은 유치원 아이들이라면, 그 순간만큼은 불안함을 느끼지 않을 것입니다. 아이가 어떤 돌발행동을 해도, 그 정도의 상황은 통제할 수 있을 것이라는 자신감, 아니 확신이 있을 테니까요.

결국, 우리의 불안은 내가 가진 능력에 대한 확신의 범위보다 더 감당할 수 없는 미래가 나에게 닥쳐올까봐 그것을 알 수 없기에 생겨나는 자연스러운 두려움입니다. 그렇기에 오히려 가까운 미래에 일어나게 될 사건들에 대해서 확신하는 사람들은 도리어 거침없이 행동할 수 있는 것입니다. 예를 들어, 청소년들이 즐겨 보는 웹툰의 인기 있는 소재가 바로 '회귀'인데, 특정한 과거의 시점으로 회귀한 주인공들은 모두 과거에 어떤 일이 일어났는지 확신에 찬 기억을 바탕으로 승승장구하는 것입니다.

하지만, 회귀자라는 판타지의 설정이 아니더라도, 불안감 없이 자신이 선택한 길을 갈 수 있는 사람들이 있습니다. 그것은 바로 '힘'을 갖고 있는 이들입니다. 앞서 말씀드린 사례처럼 불특정 다수를 향해 흉기를 휘두르는 범죄자들은, 영화배우 마동석처럼 건장하고 세 보이는 사람들을 향해서는 범행을 시도조차 하지 않습니다. 그러니, 힘을 가진 사람들에게는 길을 걷는 일이 불안감을 주지 못합니다.

육체적인 힘과 마찬가지로 '권력'을 가진 사람들도, 자기의 길을 걸어가는 데 불안을 느끼지 않습니다. 게다가 그들에게는, 자신들의 결정이 많은 사람의 미래에 매우 직접적인 영향을 미치기 때문에, 스스로에게 유리한 방향으로 미래를 전개할 수 있는 힘이 있습니다. 여러분의 부모님이 주식이나 부동산에 투자했는데, 예상할 수 없었던 사건들로 인해 가치가 떨어져 집안 분위기가 암울해졌던 경우가 있지는 않았나요? 권력을 가진 사람들은 주식과 부동산의 가치를 좌우할 뉴스를 만들어낼 수 있는 '힘'을 갖고 있기에, 그들의 투자에서 불안이라는 요소가 상대적으로 작아지게 됩니다.

여러분의 부모님이 '공부를 열심히 하라'고 말씀하신다면, 그것은 여러분이 권력에 의한 불이익을 받지 않기를 바라는 마음에서 비롯된 것입니다. 또한 권력의 자리에 가까워지는 방법 중 하나가, 공부이기 때문입니다. 그렇게라도 여러분의 삶에서 불안을 줄여주고 싶은 것이 부모님의 마음입니다. 운동을 하고 힘을 키우라고 말씀하시는 것도 같은 이유입니다. 힘쓰는 것은 '여성스럽지 않다'거나, '여자에게 근력은 필요하지 않다'고 생각하는 사람은 정말 큰 착각을 하고 있습니다. 부당한 폭력을 가하는 나쁜 이들은 여자가 아닌, 약자를 타겟으로 합니다. 약자가 항상 불안한 데에는 이유가 있습니다. 약하기 때문에 피해자가 되는 것이 당연한 게 아니라, 범죄자들이 언제나 약자를 대상으로 힘을 휘두르려는 심리가 본능이라는 얘깁니다. 불안으로부터 벗어나도록 스스로를 지킬 힘을 키우는 것에 대해서는 아무리 강조해도 지나치지 않습니다.

🔒 불안에서 벗어나는 기술

> " 불안에 짓눌리면 공포의 지배를 받지만,
> 자기 확신을 가지면 미래를 지배할 것 "

 불안은 스스로의 능력에 대한 불확신, 그리고 미래의 불확실로부터 생겨난다고 말씀드렸습니다. 그렇기 때문에, 불안으로부터 벗어나려면 이 두 가지에 대한 확신을 얻는 노력이 필요합니다. 노력으로 그 확신을 얻을 수 있을까 의심하지 말기 바랍니다. 노력하기 시작하는 순간 이미 우리는 불안으로부터 멀어지는 길 위에 선 것입니다.

 불확실한 미래를 위해 현재를 투자하는 것은 필연적으로 불안을 수반합니다. 우리들의 선의가 배신으로 돌아오고 나면, 이후의 모든 관계는 의심이 동반됩니다. 원하는 상태에 도달하지 못할까봐, 원하는 상태가 유지되지 않을까봐 걱정하는 것을 불안이라고 한다면, 우리는 날마다 불안과 싸울 수밖에 없는 운명을 갖고 살아갑니다. 그래서, 조금씩 확신을 늘려가는 지혜가 필요합니다.

수많은 심리 조사들은 한결같이 '사람들의 시선에 의한 공포'를 '죽음에 대한 공포'보다 더 크게 받아들이는 사람들이 훨씬 많다고 보고합니다. 사람들을 대상으로 발표를 하거나 연설을 하는 것에 대해, 또는 낯선 사람과 대화하는 것을 상상하는 것만으로도 불안하고 두렵다고 말하는 사람들이 많습니다. 이것을 무대공포증 또는 사회공포증이라고 부릅니다.

이런 불안으로 고통을 받았던 사람 중의 한 명이 바로 방송인 유재석입니다. 그는 여러 차례 방송을 통해 오랜 무명 시절에 자신이 겪었던 카메라 울렁증에 대해 얘기했습니다. 평소 재치 있게 많은 사람을 즐겁게 하는 재능을 가졌던 그였지만, 카메라 앞에 서서 방송중임을 알리는 빨간 불이 들어오면, 많은 사람들이 지켜보고 있다는 심리적 압박과 두려움으로 인해 간단한 인사말조차 까먹고, 방송을 망치기 일쑤였다고 합니다.

그랬던 그가 불안을 극복한 방법은 '시뮬레이션'이었습니다. 몇 개의 예능 프로그램을 녹화해서 진행자가 여러 출연자에게 다양한 질문을 하는 순간마다 비디오를 멈추고, 자신이 답변해 본 후에 프로그램에서 해당 출연자는 뭐라고 답했는지 들어보며, 혼자만의 모의 발표를 수없이 반복하며 노력했던 것입니다. 그의 이런 노력은, 적어도 무대 공포라는 불안감에 대해서만큼은 자기 자신이 극복할 수 있을 것이라는 확신을 더해주며, 오늘날 그가 국민 MC라는 지위를 갖는데 큰 역할을 했습니다.

자기 능력에 대한 확신을 얻고 나면, 어느 정도 미래에 대해서도 확신을 얻게 됩니다. 받아쓰기 시험에서 주어진 범위의 문장을 모두 철저하게 외운 학생은, 시험을 보기 전에 시험의 결과를 미리 알 수 있습니다. 물론 우리의 미래는 받아쓰기만큼 단순하지 않지만, 우리가 어떤 일에 최선을 다하고 그에 합당한 결과들을 얻는 경험을 누적해 나가면서, 조금씩 우리가 알지 못하는 시간의 축에서 일어날 일들에 대한 통제력을 갖게 되는 것입니다.

자신의 능력에 대한 확신을 키우는 일은, 불안으로부터 벗어나기 위한 것만은 아닙니다. 오히려 그것은 자존감에 영향을 주어, 더 긍정적인 삶의 태도로 여러분을 불러들일 것입니다.

　예상 가능한 위험을 피하는 것도 불안에 대처하는 좋은 기술입니다. 예를 들어, 밤길을 혼자 걷는 것은 운동을 좋아하는 건강한 오십대 아저씨인 저도 무섭습니다. 그러니 가능하면 위험한 상황이 발생하지 않도록 늦은 밤의 홀로 귀가를 최대한 피해야 하고, 혹여 그것이 불가피하면, 동행인을 만들어 안전의 확실함을 늘리는 것이 지혜로운 것입니다. 많은 사람들이 만류하는 일은 이유가 있습니다.

　'불안'에 짓눌리면, 공포의 지배를 받습니다. 스스로에 대한 확신을 가진 사람들은 미래를 지배하게 됩니다.

8

행복에 대해

    네이버 국어사전을 보면 '행복'이라는 단어를 '생활에서 충분한 만족과 기쁨을 느끼어 흐뭇함. 또는 그러한 상태'라고 정의하고 있습니다. 정의를 읽기만 해도 흐뭇한 단어인 이 행복을 얻기 위해, 또는 그 상태를 유지하기 위해 사람들은 저마다의 노력을 다하고 있습니다. 모든 사람이 각자의 삶을 통해 충분한 만족과 기쁨을 느끼고 흐뭇해할 수 있다면 얼마나 좋을까요. 우리는 그것이 실현되는 공간을 이상향 또는 낙원이라 부릅니다.

    우리가 살고 있는 대한민국도 헌법 제10조를 통해 행복은 인간이라면 누구나 가질 수 있는 권리임을 밝히고 있습니다.

"모든 국민은 인간으로서의 존엄과 가치를 가지며, 행복을 추구할 권리를 가진다. 국가는 개인이 가지는 불가침의 기본적 인권을 확인하고 이를 보장할 의무를 진다."는 조문입니다. 그런데, 유엔이 발간한 2023년 〈세계 행복 보고서World Happiness Report〉에 따르면, 우리나라 사람들의 행복도 평균 점수는 10점 만점에 5.951점으로, 조사대상 137개국 중 57위를 기록했습니다. OECD 정회원 국가들 중에서 꼴찌를 겨우 면한 수준에 자리합니다.

행복에 대해 묻는, 비슷한 조사들이 많이 있습니다. 그리고 그 조사에서는 공통적으로 대한민국 국민들이 그리 행복하게 느끼지 않는다는 결과가 나타납니다. 여론조사기관 입소스가 발표한 〈세계 행복 2023〉 보고서에도 '행복하다'라고 응답한 한국인들의 비율은 57%인데, 이것은 조사대상 전체 32개국 중에서 31위에 해당합니다. 조사 대상 전체 국가들에서 '행복하다'는 응답을 한 시민들의 평균 비율이 73%인 점을 감안하면, 행복하다고 느끼는 한국인의 비율이 유난히 적은 것이죠.

한국 방정환 재단이 2009년부터 매년 실시했던 〈어린이·청소년 행복지수결과보고서 2021〉에 따르면, 우리나라 청소년들의 '주관적 행복지수' 표준점수는 79.50점으로 OECD 국가 중 최하위에 머물렀으며, 관계나 개인의 가치보다는 '물질적 가치'

를 행복을 위해 가장 필요한 것으로 꼽은 청소년들의 비율이 늘었습니다. 학년이 올라갈수록 그 비율은 증가해서, 행복을 위해서는 물질적 가치가 중요하다고 응답한 고등학생들은 거의 절반에 달했습니다. 돈과 성적이 행복에 중요하다고 응답한 청소년들은 '매우 행복하다' 또는 '대체로 행복하다'라는 항목에 대해 가장 낮은 응답률을 보였습니다. 다른 조사에서는 청소년 열 명 중에서 한 사람 이상이 극단적 선택을 고려했다는 결과도 나왔습니다.

우리는 불행의 시대를 살고 있는 것일까요? 왜 유독 우리나라 시민들, 청소년들만 행복을 요원한 것으로 여기는 것일까요? 그것은 아마도 사전의 정의처럼 '충분히 만족과 기쁨을 느끼는' 기준이 각자 다르기 때문일 것입니다. 사실, 행복이라는 단어를 정의하는, 만족과 기쁨이라는 단어는 전적으로 주관적인 지표입니다. 게다가 '충분하다'라는 형용사도 계량 가능한 수치로 표현할 수 있는 기준이 아닙니다. 그렇기에 우리가 어떤 일이나 상황에 대해 만족한다거나 기뻐한다거나, 심지어 그것을 충분히 그렇게 느낀다는 것은 우리가 넘고자 세워둔 허들, 즉 기준의 높이에 달려 있습니다. 만족의 허들이 얼마나 높은지가 우리의 정서를 좌우합니다. 다른 사람들이 보기에는 '충분히' 건강하고, 심지어 '상당히' 마른 소녀가 늘 자신의 몸에 불만을 느끼고, 입버

릇처럼 살을 빼야 한다고 말하는 상황이 바로 그렇습니다.

모든 사람에게 행복의 기준은 같을 수 없습니다. 절친한 관계, 심지어 가족이라도 마찬가지입니다. 그렇기에 '누구나 행복할 수 있는' 기술이란 존재할 수 없습니다. 그렇지만, 행복의 개념을 조금만 파고 들어가 행복의 진짜 모습을 들여다 보면, 우리는 의외로 '행복의 기술'을 발견합니다. 행복을 높이는 것이 아니라, '허들'을 내리는 기술이 얼마든지 많이 있기 때문이죠. 인류 역사 대부분은 이 행복과 행복한 삶에 대한 고민과 실천으로 가득 차 있습니다. 전쟁과 같은 끔찍한 참상도, 결국 행복과 얽혀 있습니다. 불행하게 살지 않기 위한 치열한 삶 두 개가 부딪쳐 일으키는 갈등, 그러나 결국 모두가 불행해 지는 결과를 얻게 되는 것이 전쟁이죠.

여러가지 면에서 행복은 불행의 부재입니다.

'빛'이 없는 곳은 암흑이 가득합니다. 마찬가지로, 어둠이 사라진 곳은 항상 빛이 자리하고 있습니다. 불행이 없으면 행복한 것이며, 그 반대도 마찬가지입니다. 행복한 사람에게는, 불우한 상황은 있어도 불행한 상황은 없는 것입니다. 우리는 우리를 불행하게 하는 것들을 통해 현 상황의 행복을 가늠합니다. 현재 해결할 수 없는 굶주림이나 육체적 통증을 겪고 있다면, 그것은 생존을 방해하는 가장 기본적인 불행이며, 만족이나 기쁨과 거리가 먼, '행복하지 않은' 상태입니다. 불행입니다. 우리를 불행하게 하는 것입니다.

　세계은행이 제시하는 '절대 빈곤 인구'라는 개념은, 당장 생존을 목적으로 살아야 하는, 하루 생활비 2달러 이하, 우리 돈으로 대략 2~3천원 이하로 하루를 버텨야 하는 사람들을 말합니다. 여러분이 절대 빈곤 상황에 놓인다면, 굶주림이라는 가장 기본적인 불행을 일상적으로 마주치게 됩니다. 오늘 한 끼라도 배불리 먹을 수 있다면 더 바랄 것 없이 행복할 것이라 바라고 있죠. 그러다가 이 행복이 성취되고 나면, 이젠 두 끼의 배부름을 갈망합니다. 상황이 더 좋아져 하루에 세 끼 식사를 모자람 없이 할 수 있게 되면, 이제는 밥과 반찬의 변화가 행복의 기준이 되어버립니다. 점심시간, 맘에 드는 메뉴가 없을 때, 주저함 없이 급식실이 아니라 매점을 향하는 친구들을 많이 보셨을 것입니다.

　더 좋은 것을 갖고 싶고, 현재보다 더 좋은 상태로 향하고자 하는 것을 '욕망'이라고 합니다. 욕망은 잘못된 것이 아닙니다. 욕망은 그 자체로 순수하며, 그것을 통해 우리는 삶의 추진력을 없습니다. 다만, 욕망이 충족되지 않으면 불행하다고 생각하는 순간, 우리는 불행에 붙들리게 되고, 행복의 자리는 주인을 잃는 것입니다. 결국 우리가 지금 이 순간에도 가지고 있는 그 모든 행복의 기준들은, 생존이라는 본능과 연관된 것을 제외하면, 그 위에 하나씩 둘씩 덧붙여 쌓아 올린 욕구들인 것이며, 이것들이 충족되지 않으면 불행하다고 스스로에게 말하면서, 실상은 자기가 만든 불행이라는 카테고리 속으로 힘차게 뛰어드는 것입니다.

우리를 불행하게 하는 것들을 일일이 따져보면, 그 정체는 우리가 스스로 높인 허들임을 발견하게 됩니다. 이 장애물을 뛰어넘지 않으면 불행할 수밖에 없다고 미리 단정짓고 직접 세워둔 기준인 것입니다. 결국, 행복한 상태에 이르려면, 우리를 불행하게 하는 것들을 하나씩 둘씩 지워 만드는 불행의 부재 상태로부터 시작해야 합니다.

불행을 삭제하는 기술

> **❝** 심장 근육의 박동, 그 살아있음에
> 감사하는 시간이 불행들을 제거할 것 **❞**

현재 여러분을 불행하게 만드는 신체적, 정신적인 고통이 있다면, 우선 그것에 대해 신뢰할 수 있는 어른에게 도움을 청하기 바랍니다. 보통은 부모님이겠지만, 그렇지 않은 경우도 우리 주변에 꽤 많이 있습니다. 게다가 누군가에게 도움을 요청하는 것은 상당한 용기를 필요로 하는 일입니다.

불행을 삭제하려면, 내 안에서 용기를 꺼내야 합니다. 우리 사회에 불행으로 고통받는 청소년들 그리고 소녀들을 위해 도움을 주는 어른도 많이 있습니다. 찾지 않으면 영원히 존재하지 않는 것이 될 뿐입니다. 가장 기본적인 의식주의 문제나 일상적인 폭력 또는 위협에 노출된 환경으로 불행할 경우, 그 공간을 우선 벗어나야 합니다. 내 힘으로 불행을 삭제하기 어려울 때는, 불행들로부터 나를 삭제하는 것도 하나의 방법이기 때문입니다.

우리를 불행하게 하는 것들을 지워나갈수 있도록, 불행의 목록을 만들어 봅시다. 사소해 보이는 것일수도 있고, 생각보다 더 엄청난 스케일일 수도 있습니다. 예를 들어, 여러분의 얼굴 구석에 생겨난 작은 여드름이 여러분을 불행하게 할 수도 있고, 또 기후 변화로 인해 지구에서 사라져 가는 수많은 동식물로 인한 스트레스가 그렇게 할 수도 있습니다. 여러분을 불행하게 하는 어떤 원인은 여러분이 어떻게 노력한다 하더라도 바꿀 수 없는 것이기도 하고, 또 다른 것들은 어느 정도의 노력을 통해 바꿔낼 수 있는 것들이기도 합니다. 어쨌든 이렇게 우리가 스스로를 관찰하고 자신의 마음을 지켜보는 시간을 들여, '우리를 불행하게 느끼도록 만드는 것들'의 목록을 작성하는 과정이 필요한 것은, 우리의 정서를 똑바로 들여다 보는데 일차적인 목표가 있습니다. 그리고 이것은 목록에 쓰여진 불행들을 하나하나 지워나가기 위한 준비 작업입니다.

만약, 마침내 이 불행하게 하는 것들의 목록에 쓰여진 것들을 하나씩 지워나가 모든 것이 사라진 상태, 즉 '불행의 완전한 부재'에 도달하면, 우리는 행복한 것일까요? 생각해 보면, 꼭 그렇지는 않을 것입니다. 불행의 부재에서 행복을 느끼기 위해서는 전제 조건이 있습니다. 우리가 만든 목록으로부터 '불행하게 하는 것들'을 지워나가는 방법에 동원하는 우리의 심리 상태가 바로 '감사하기'라는 긍정적 수단이어야 한다는 것입니다. 절대 빈곤이나 견딜 수 없는 통증과 같은 근본적인 것들을 제외하면, 우리를 불행하게 하는 것들 대부분은 마음이 만들어낸 것입니다. 모든 것이 마음에 달렸다고 말하는 선인들의 지혜는 인류의 역사를 통해 이에 대해 쌓아올린 경험적 통찰의 결과물입니다. 행복해지기 위해 우리를 불행하게 하는 것들을 하나씩 줄여나가는 방법은 바로 감사하는 것입니다.

어떤 분들은 작고 사소한 일에서부터 감사하는 습관을 키우는 것이 좋다고 말합니다. 저는 도리어 반대로 접근하는 것도 좋아 보입니다. 작고 사소한 것이 아니라, 크고 엄청난 것에서부터 감사하는 것이죠. 우주적인 차원에서 우리들을 지구의 생명으로 존재할 수 있도록 하는 것들에 대한 감사를 시작하면, 감사할 일들이 한도 끝도 없습니다.

예를 들어, 우리가 의식하지 못하는 사이에도 지구는 일초에 대략 30킬로미터의 속도로 태양을 중심으로 공전하고 있고, 모든 생명 활동에 필요한 물리 법칙과 화학의 원리들은 지구 위의 모든 생물을 향해 과거와 마찬가지로 호의적으로 작용하고 있습니다. 이제껏 관찰된 모든 우주 내에서 지구상의 생명체와 같은 존재들이 살아갈 수 있는 환경이 가능한 행성은 지구가 유일합니다. 매일 자고 일어날 때마다 이 우주 법칙이 지켜지고 있음은 놀라운 일입니다. 우리가 살아있음을 되새겨보는 모든 순간은 결코 작고 사소한 것이 아닙니다. 그러니, 우리를 불행하게 하는 것들 대부분은 이 엄청난 축복에 비해 정말 사소한 것일 수밖에 없는 것이죠.

의지로 제어되지 않는 심장 근육이 변함없이 일정한 박동으로 우리를 숨 쉬게 한다는 사실을 기억하세요. 그것에 감사하는 모든 시간을 통해, 그토록 다급해 보였던 '우리를 불행하게 하는 것들'의 존재는 미약해지고 점차 힘과 의미를 잃게 될 것입니다.

9
감사하는 방법에 대해

    행복해지기 위해 우리의 생명에 대해, 우주의 존재에 대해, 우주 법칙이 지속되고 있는 것에 대해 감사하는 마음을 갖는 것이 중요하다고 말씀드렸습니다. 사실은 감사의 마음, 즉 누군가에게 고맙다는 생각을 가질 수 있다는 것 자체가 큰 축복입니다. 감사함을 인식할 수 있는 존재로 만들어진 것도 크게 감사할 일입니다. 보통 감사는 스스로 만들어내는 것은 아닙니다. 감사하는 마음을 전염해 가며, 함께 살아가는 존재로서의 인간은 서로가 서로에게 삶의 의미가 되는 것입니다.

    선천성 사지 절단증이라는 희귀병으로 팔과 다리가 거의 없는 몸통으로 태어난 '오토타케'가 건강하게 성장할 수 있었던 가장 큰 이유는 그의 어머니의 감사 때문입니다. 그가 출생한 병원의 의료진은, 사지가 없는 몸으로 태어난 아기의 모습에 산모가 낙담하고 실신할 것을 우려한 나머지 어머니와 아기의 대면을 최대한 늦췄습니다. 결국 출산 후, 한 달가량이 지나서야 산모는 아기를 만나게 되었는데, 그녀의 입에서 나온 첫마디는 바로 "어머, 귀여운 우리 아기…"였다고 합니다. 이 기쁨의 외침은 오토타케의 일생을 바꾸었습니다. 남들보다 부족한 사람이 아니라, 남들과 조금 다른 사람으로서 살아갈 수 있는 마음의 밭은 어머니의 감사하는 태도가 일궈낸 것입니다. 아기에게 팔과 다리가 없는 것은 사실이고 현실이지만, 그의 어머니의 마음은 '귀여운 아기'의 출생에 기뻐하고, 감사하는 것으로 충만했기에, 그는 어머니의 감사에 전염되어 열심히 살 수 있었습니다. 감사는 사실에 의존하는 것이 아니라, 우리의 마음이 오롯이 세운 '태도'인 것입니다.

성경에는 '아무것도 염려하지 말고 오직 모든 일에 기도와 간구로, 너희 구할 것을 감사함으로 하나님께 아뢰라 그리하면 모든 지각에 뛰어난 하나님의 평강이 그리스도 예수 안에서 너희 마음과 생각을 지키시리라'는 구절이 나옵니다. 이것은 감사를 강제하는 신의 무조건적인 요구가 아닙니다. 감사하는 태도를 갖게 되는 순간부터 우리를 걱정하게 하고 있던 염려들이 사라질 것이며, 결국 그것은 우리를 '불행하게 하는 것들'로부터 자유를 얻도록 마음을 지켜 줄 것이라는 자연스런 원리를 밝힌 것입니다. 생각해 보면, 기도를 하는 순간, 우리가 염려하며, 그것이 성취되지 않으면 불행의 늪으로 빠져들 것 같았던 모든 괴로움이나 고민이 기적적으로 저절로 사라지는 일은 거의 없습니다. 성경도 모든 원하는 일이 성취될 것이라는 결론을 내리지 않습니다. 감사하는 마음으로 기도를 하면, 신께서 평안함으로 우리의 생각을 지켜주신다는 것입니다. 마음과 생각을 지키는 일은, 불안을 사라지게 하며 현재의 고민이 삶의 본질과 거리가 먼 것임을 깨닫게 합니다.

중국 송대의 승려 '찬녕'이 지은 《송고승전》에는 청소년들에게는 '해골물' 에피소드로 유명한 원효 대사의 다른 일화가 실려 있습니다. 원효가 당나라로 유학길을 가던 도중, 어느 밤 심한 폭우를 만나 작은 토굴에 몸을 피했습니다. 그런데, 날이 밝고 아침에 살펴보니 그곳은 해골이 흩어져 있는 옛 무덤이었던 것입니다. 비는 여전히 내렸고, 땅이 질척해 어쩔 수 없이 하루를 더 그 무덤에서 묵었더니, 저녁 무렵에 귀신이 나타나 혼비백산하게 되었습니다. 토굴이라 생각하고 편안하게 잠을 이뤘던 공간이 하룻밤만에 귀신 굴이 되어버리는 것을 보고, 원효는 "마음이 산란함으로 인해 갖가지 것들이 생기고, 마음이 사라지면 토굴과 무덤이 둘이 아니고 하나인 것을. 또한 세상은 오직 마음이며, 마음이 인식인 것을 알았다. 마음을 떠나서 법이 없으니 어찌 별도의 법이 따로 있겠는가."라는 깨달음을 얻고 유학을 취소한 후, 고국으로 돌아와 대중들에게 화엄경에 기록된 '일체유심조 一切唯心造—모든 것이 마음에 달려있음'의 도를 전했다고 합니다.

🔑 '마음 먹기'의 기술

> ❝ 감사의 '마음을 먹는' 삶이,
> '불행하게 하는 것들'과의 결별을 이끌 것 ❞

감사는 마음에서 이뤄집니다. 감사하는 사람이 감사하는 습관을 갖는 것은 어렵지 않지만, 감사할 줄 몰랐던 사람은 마음을 먹어야 합니다. 감사하는 마음으로 나를 '불행하게 하는 것들'을 떨쳐버리겠다는 결심을 하는 것입니다. 어떤 결심을 하고, 꾸준히 스스로에게 한 약속을 지켜나가는 것만으로도 그 사람은 위대하다고 말할 수 있습니다.

어떤 분야에서 대가의 자리에 오르는 사람들은 꾸준히 자기 자신과의 약속, 즉 스스로 세운 결심을 지켜낸 사람들입니다. 일반적인 사람들은 새해를 맞아 많은 새로운 결심을 합니다. 또는 특별한 사건을 겪은 후에도 어떤 결심을 세웁니다. 그러나 얼마 못가서 그 결심을 지키지 못하고, 스스로 자책하며 후회하게 되죠. 이런 사이클이 반복되다보면, 마음 먹는 일이 얼마나 어려운 것인지 알수 있게 됩니다. 마음 먹고 난 이후에, 그 결심대로 실천하는 일이겠지만, 실제로는 우리가 어떤 결심을 세우며, 이러이러하게 살겠노라고 '마음 먹었던' 사실조차 잊고 살게 되는 경우가 많습니다.

　우리말 '마음 먹다'는 정말 특별한 표현입니다. 저는 '마음을 먹는다'라는 말을 참 좋아합니다. 우리가 하루에 삼시 세끼 밥을 먹는 것처럼, 마음도 일정한 간격을 두고 저절로 우리에게서 잊혀지지 않도록 계속 먹어야 하는 것입니다. 오늘 밥을 먹었으니, 며칠 동안은 아무 것도 먹지 않는 것이 당연하다고 할 사람은 아무도 없습니다. 우리는 항상 끼니마다 배가 고프기 때문입니다.

　마찬가지로 우리가 어떤 결심을 하고나서 그 결심한 일을 실천하는 행위가 약해질 때마다, 우리는 '마음이 고픈' 상태가 되는 것입니다. 마음이 고픈 상태는 배가 고픈 상태보다 알아차리기 어렵습니다. 그렇기 때문에 매일 밥을 먹듯이, 매일 '마음'을 먹으며 하루를 여는 것으로, 우리는 처음의 결심을 잊지 않고 지속할 수 있는 기초적인 힘을 얻게 됩니다. 아침마다 '먹는' 그 마음은 정신의 세수가 되어 우리들의 각오를 날마다 새롭게 씻어줄 것입니다.

감사는 자동으로 이뤄지는 것이 아닙니다. 하루를 열며, 감사의 마음을 먹고, 그러한 결심으로 살아갈 때, 우리를 불행하게 하는 것들과 결별할 수 있습니다.

3장

소녀의 생활

> "
> 당신이 세상에서 멀어지고 있을 때
> 누군가 세상 쪽으로 등을 떠밀어주었다면,
> 그건 신이 당신 곁에 머물다 가는 순간이다.
>
> ― 김은숙, 드라마 〈도깨비〉

1
공간과 관계들에 대해

나의 크기, 공간의 크기

우주 안에 존재하는 모든 것은 우주라는 공간과 분리해서 생각할 수 없습니다. 존재하는 것들은 언제나 공간을 기반으로 하고, 공간은 그들과 상호작용하여 정체성과 의미를 부여합니다. 물론, 지구를 제외한 모든 공간과 그 공간에 존재하는 것들에 대해서는 오직 인간이 인식하고, 인간의 필요에 의해 규정되어 그 의미가 부여된 것이기는 합니다. 그러나, 인간은 생존이라는 목적에 자신의 능력을 사용하는데 그치지 않고, 철학적인 질문과 과학적인 수단을 활용해서 공간을 이해하고, 공간에 존재하는 것들에 의미를 부여할 수 있는 존재입니다. 그리고 그 대상은 언제나 눈에 보이는 공간을 넘어 무수한 형태의 차원과 세상을 향합니다.

눈에 보이지 않는 공간들은 우주와 같이 엄청나게 멀고 커서, 끝을 알 수 없는 공간도 있지만, 현미경으로도 볼 수 없을 만큼, 작고 미세한 영역들도 있습니다. 보이지 않는 공간들에 대한 인지는 인류의 사고와 기술 수준이 발전했음을 반증합니다. 화석과 DNA 분석을 통해 알려진 인류의 역사를 짧게 잡아 약 백만 년 정도라고 한다면, 인류사의 99퍼센트 이상의 기간 동안, 인류는 눈에 보이는 공간에서의 생존에 집중했습니다. 그러다가 혁명적인 몇 단계의 생산 방식의 변화, 그리고 지식의 축적을 거쳐, 눈에 보이지 않는 세상을 인지하고, 메커니즘에 관심을 갖게 되고, 그 지식을 활용하는 수준까지 발전하게 된 것입니다. 그렇기에 공간을 이해한다는 것은 우리가 가진 감각기관으로서의 눈 외에 다른 눈을 갖는 것이며, 그것을 저는 다른 차원의 지혜, 새로운 통찰력이라고 부릅니다. 우리가 보고 듣는 것들의 수준을, 보이지 않는 세계로 확장시켜주기 때문이죠.

당신의 지경을 넓혀라!

여러분은 아마 '견문을 넓히다'라는 표현을 들어보셨을 것입니다. 볼 견見, 들을 문聞, 글자 그대로 보고 듣는 것들에 대한 이야기죠. 그런데 이 표현의 핵심은, '넓히다'에 있습니다. 보고 듣는 것들의 양을 단순히 '늘리는' 게 아니라 '넓힌다'라는 표현을 사용한 것인데, 이는 우리가 보고 들을 수 있는 수용량의 한계를 돌파해서, 시야를 확장하며見, 동시에 지적 호기심과 경청의 태도聞를 키우는 것이라는 의미로 이해할 수 있습니다. 그래서 이 표현을 영어로 옮길 때는 '사람의 지평선을 넓히다widen one's horizon'라는 말을 사용합니다. 그러므로, 공간을 이해하는 것은 견문을 넓히는 작업의 출발이며, 우리들의 눈과 귀가 가진 수용량을 계속 확장해 가며, 새로운 통찰력과 지혜를 습득하는 것입니다.

현대 사회에서 엄청난 속도로 발전을 거듭하고 있는 과학 기술이, 인류가 가진 세계관과 그 인식의 방식에 끊임없이 변화를 일으키다보니 우리는 변화가 일상이 된 시대를 살고 있습니다. 공간에 대한 이해 방식도 너무나 달라졌고, 그 인식의 차이는 아빠와 딸이라는 한 세대에 불과한 차이를 아득히 뛰어넘었습니다. 과거에, 여러분 같은 청소년 시절의 저에게는, 살던 동네를 제외한 다른 세상은 모두 2차원 평면의 지도나 지구본 위의 선과 점들에 불과했습니다. 그러다가 어학연수라는 명목으로 다른 대륙의 특정 지역 사회로 삶의 공간을 옮기게 되자, 선과 점이었던, 책과 신문에 등장했던 그림 속의 건물과 사람들이, 어느덧 실재하는 공간 속의 구체적인 형상으로 다가와 저에게 말을 건넸습니다. 익숙한 공간이었던 내 나라, 내가 살던 동네와 결별하는 순간 펼쳐진 다른 세계는, 저를 '아무 것도 아닌 사람'이지만, 동시에 가장 '특별한 사람'으로 느끼게 해주었습니다. 그 때의 강렬했던 경험, 아침마다 뛰었던 바닷가 마을들의 평화, 그리고 하루의 치열한 공부와 사람들과의 소통의 기억은, 낯선 공간을 통해 각인되어 평생 저의 기억에서 부유하고 있습니다.

오늘날 지구 위에 숨 쉬는 서로 다른 세계와 문화들은 전보다 압도적으로 더 가까워졌습니다. 한층 더 활발해진 해외 여행과 교류, 사람들과 문화의 이동, 위성을 매개로 한 광속 커뮤니케이션과 온라인 소셜 네트워크, 유튜브와 틱톡, 인스타그램 같은 응용 서비스는 지구 반대편 세상에서 일어나는 일들을 거의 실시간으로 여과 없이 보여주고 있고, 이제는 다른 국가나 대륙에 직접 찾아가지 않아도 이미 상당한 정도로 다른 세계에 대한 지식의 축적과 이해가 수월해졌습니다. 그래서 이미 공간에 대한 이해는 좀 더 구체적인 감각으로, 평면과 기하로 이뤄진 상상에 의해서가 아니라 우리들의 눈앞에 직접적으로 펼쳐지는 방식으로 전개되고 있습니다.

넓은 세상, 누릴 것들은 더 넓어지고 있다!

여러분은 혹시 '지오 게서Geoguesser'라는 게임을 들어보셨을까요? 지오 게서는 참가자에게 구글 스트리트 뷰에서 무작위로 선택된 특정 지점의 사진을 제시하고, 화면에 등장한 장소가 어느 나라에 속한 무슨 지역인지 맞추는 일종의 지리 추론 게임입니다. 게임을 푸는 동안 참가자는 구글 어스 화면상에 나타난 도로와 건물, 표지판 등을 통해 얻은 정보를 단서로 국가와 해당 지점을 특정하여 구글 맵에 점을 찍어야 합니다. 당연히 지리적 특성 뿐만 아니라 사회 문화적 특징을 많이 알수록 유리한데, 이 게임 1인자로 알려진 미국인 Rainbolt는 낡은 사진 한 장만으로 노부부가 결혼 전에 프로포즈했던 장소를 정확히 알려줄 정도로 엄청난 공간에 대한 시각적인 이해 능력을 보여줬습니다.

지오 게서 게임에서는 구글 어스가 제공하는 구글 맵 지도를 적극적으로 활용해야 합니다. 게이머는 마우스를 클릭하고 스크롤하면서 화면에 나타난 공간을 좁히거나 키우고, 그 현장으로부터 다양한 방향으로 이동하면서 지형과 도로의 특징을 파악하게 되는데, 이것은 나침반과 지도 하나를 들고 원하는 목적지를 찾아갔던 옛 세대의 방식으로부터 완전히 새로워진 것입니다. 낯선 장소에서의 모임 약속이 생기면, 교통 지도를 들고 어떻게 찾아갈지 고민하던 시대는 완전히 사라졌습니다. 지금은 네비게이션의 음성 안내로 장소를 찾고, 좀더 구체적인 현장은 포털사이트에서 제공하는 거리뷰를 통해 확인합니다. 멀지 않은 미래에는 스마트워치로부터 상당한 크기의 홀로그램이 등장해서, 위성으로 측정한 현재의 정확한 위치를 바탕으로, 거리의 모양을 그대로 재현하며 걸음에 맞춰 목적지를 찾아가도록 실시간으로 안내하게 될 것입니다.

아마도 홀로그램과 가상 현실 기술이 조금 더 발달하면, 여러분의 집 안방에서 전세계를 여행하며 여행지의 기후에 맞게 신체를 조절한다거나, 현지의 냄새와 음식을 맛보게 되는 시대가 곧 눈 앞에 펼쳐질 것입니다.

🔒 '나의 공간'을 가늠하는 기술

> " 우주의 모든 공간은 쉼 없이 움직이고,
> 공간을 온전히 이해하려면 우리도 움직여야 "

무엇이든 제자리에 가만히 있는 것은 우주에 존재하지 않습니다. 태양계 내의 행성들이 태양을 중심으로 자전과 공전을 하고 있다는 것은 과학 상식입니다. 그렇기에 우리는 태양이 말뚝처럼 우주의 어느 한 곳에 붙박이로 멈춰 있다고 생각합니다. 하지만, 태양계의 중심인 태양조차도 우리 은하를 빠른 속도로 공전하고 있으며, 우주의 어느 지점에서든 우주는 팽창하고 있다는 사실을 바탕으로 정리해보면, 이 우주에 가만히 정지해 있는 것은 없다라는 결론이 나옵니다. 어느 가을 오후, 공원에 누워 따스한 햇살을 즐기고 있는 여유도, 사실은 1초에 약 30km라는 엄청난 속도로 공전하고 있는 지구별에 우리가 착 달라붙어서 누리는 평화인 것입니다. 우리는 우주의 일원답게 이 땅 위에서도 계속 움직여야 합니다.

우리들의 존재와 활동은 모두 공간을 바탕으로 이뤄집니다. 사람이 차지하는 공간은 사방으로 넓게 잡아봐야 1제곱미터 내외입니다. 어떤 사람은 평생 자기 집과 자기가 살던 동네를 벗어나지 못하고, 일생을 마감하기도 합니다. 앞서 말씀드렸듯이 우리들은 예전보다 더 직접적이고 감각적으로 우리에게 익숙하지 않은 공간들을 가상의 현실로 경험할 수 있습니다. 당장 우리가 다른 공간에 대한 호기심만 있다면 낯선 공간을 시각과 청각으로 경험하는 일은 매우 손쉽습니다.

우선, 여러분이 살고 있는 곳을 시작으로 두 발로 돌아다니며 새로운 공간을 찾아보세요. 신기하게도 우리가 살고 있는 동네에 우리가 알지 못하는 곳이 정말 많다는 것을 발견합니다. 그리고 동시에 '나의 영역'이 확장되는, 그 감각을 느끼게 됩니다. 더불어, 우리나라에서 가보지 못한 곳들을 동영상으로 먼저 접해 보고, 될 수 있으면 그 지역을 여러분이 직접 찾아가 보는 겁니다. 점점 여러분의 두 발로 지구본 위에서 보기만 했던 여러 지점을 밟아보면서 우리의 세계는 그것과 함께 확장되는 것입니다. 무엇인가를 이해하는 가장 좋은 방법은 몸으로 그것에 부딪히는 것이죠.

바다는, 사진과 영상으로 이해되지 않습니다. 화면 속의 바다가 아무리 아름다울지라도, 소금기 가득한 짠내, 얼굴을 때리는 바닷바람, 그리고 파도의 합창 소리와 함께, 수평선 너머 가늠할 수 없는 막대한 크기를 직접 경험해야 비로소 바다를 경험하기 시작하는 것입니다. 마찬가지로, 여러분이 진정한 '빵순이'라면, 집에 앉아서 인터넷 주문으로 그 빵들을 받아 먹지 말아야죠. 전국의 내로라하는 맛있는 빵집들을 '직접' 찾아다니며, 나의 세상을 넓혀갈 때 빵의 진정한 맛과 냄새는 오롯이 여러분의 것이 됩니다.

우주는 쉼 없이 움직이고 있습니다. 그러므로 움직이는 공간을 이해하는 일차원적 방법은 우리도 움직이는 것입니다. 공간을 이해하면, 견문이 확장됩니다. 견문이 넓은 사람의 생각이 깊고 진합니다.

2
시간과 행복에 대해

현재는 과거와 미래를 잇는 개념일 뿐

　공간이 우주에 존재하는 모든 것들의 바탕이라고 한다면, 시간은 모든 존재의 변화를 이끄는 힘이라고 할 수 있습니다. 세상 모든 것에게 똑같은 시간이 주어지지만, 모두가 같은 시간을 살지는 않습니다. 우리가 개념으로 만들어 낸 과거와 현재, 미래를 지칭하는 표현들도 엄밀하게 따지면, 사실 셋이 아니라 둘입니다. 시간은 모든 것을 흐르게 하고, 그 흐름의 근원인 우주를 멈출 수 없기에, 그 누구도 특정한 순간을 멈춰 세워서 '이것이 현재'라고 말할 수 없습니다. 그러므로 항상 현재를 살아가고 있다고 믿는 우리는 오히려 실제로는, 미래를 붙들어 과거로 옮기는 '과정', 그 한가운데 들어가 있을 뿐입니다. 결국 우리에게 확실하게 실체로 존재하고 뚜렷하게 인식 가능한 시간은 오지 않은 미래와, 시나간 과거뿐이며, 우리는 그 둘을 이어가는 모든 순간들을 현재라는 믿음으로 살아내고 있는 것입니다.

여러분이 이 책의 페이지를 넘기는 지금 이 순간들도 당신은 현재라고 굳게 믿고 있지만, 미래를 잡아 과거로 넘기는 과정의 연속, 즉 거대하게 흐르는 시간 속의 찰나인 것입니다. 그러니, 기억하세요. 미래를 결정하는 것은, 여러분이 매 순간 끊임없이 생성하고 있는 여러분의 과거입니다. 그리고 이 과거는 지나가는 순간, 바꿀 수 없습니다. 그러므로 우리가 어떤 미래를 선택해서 소비했는지, 과거는 그것을 실시간으로 기록하고 있으며, 그것은 아직 다가오지 않은, 더 먼 미래가 어떻게 전개될 지 짐작하게 할 것입니다.

시간의 흐름에 몸을 맡기는 지혜

모든 생명은 탄생하는 순간부터 끊임없이 수많은 미래들 가운데 꼭 하나씩을 선택하며 흐릅니다. 각 개체는 존재하며 흘러

가면서, 명백한 과거를 써 왔습니다. 여러분은 여자 아기로 태어났고, 그 아기 앞에 펼쳐졌던 미래는 우주의 별보다 많았을 것입니다. 모든 찰나의 순간마다 그 중 한 개씩 선택한 미래를 양분으로 과거를 기록하는 작업, 즉 현재를 살아가면서 갓난아기에서 유아로, 유아에서 어린이로 성장했습니다. 십대 소녀 시기를 지나가고 있는 여러분이, 지금 이 순간 어떤 미래를 선택해서, 여러분의 과거로 탈바꿈시키고 있을지 궁금합니다.

방금 한 이야기가 어렵다면, 그저 여러분의 현재가 궁금하다는 말로 이해하시면 됩니다. 이제 조금 더 지나면, 여러분은 젊은 청년으로, 그리고 숙녀에서, 중장년을 거쳐 노년의 여성으로 변해갈 것이고, 그 모든 생이 흐르는 여정마다 어떤 미래를 선택해서, 여러분만의 과거로 각인해 가는지, 어떻게 시간이 흘러갈지 아마도, 여러분의 '현재'는, 그 답을 알고 있을 것입니다.

그러므로, 생각해 봅시다. 우리는 현재의 선택을 통해 끊임없이 과거를 바꿔 나가며, 성장하는 존재입니다. 우리가 오늘 하는 선택은 모두 내일의 과거가 되어, 스스로 결과를 맞이하게 될 것입니다. 물론, 가만히 있어도 흐르는 시간 속에서 우리는 성장합니다. 뛰다가 넘어져 상처 위로 피가 흘러도, 마음대로 되지 않는 인간 관계 때문에 남몰래 울고 있어도, 시간이라는 연고를 바르면 언젠가 저절로 낫습니다. 그러나, 시간에 우리의 의지와 노력을 더 해 조금 더 적극적으로 미래를 직면하면, 우리가 써 내려갈 과거는 무기력했던 부끄러운 기록들에서 벗어나 전혀 다른 방향으로 우리의 차원을 이끌어 줄 것입니다. 그것이 바로 미래를 바꾸는 '의지'의 힘이고, 그것은 여러분의 선택입니다.

살아 있다는 것은 시간의 흐름을 받아들이고, 그에 맞춰 자연스럽게 변화를 수용하는 것입니다. 우리는 죽기 위해 살아가는 것이 아닙니다. 존재하는 모든 것에게 죽음은 피할 수 없는 것이지만, 우리는 생명으로서 나의 존재에 작용하는 시간과 그 변화의 과정 속에서 주위 사람들과 함께 사랑의 기쁨과 행복을 주고받으며 가치 있게 살기 위해 살아가는 것입니다. 그것을 목표로 선택하는 미래들은 우리의 과거를 더욱 충실하게 쌓아 올리며, 어제보다 나은 여러분이 되도록 도와줄 것이며, 결국 여러분의 진정한 미래는 별보다 밝게 빛날 것입니다. 그러니, 이 순간 여러분이 무슨 선택을 하고 있는지 들여다 보시기 바랍니다!

과거를 바꾸는, '선택'의 기술

> 미래와 과거는
> 오늘의 선택을 통해 변하는 것

오늘의 선택이 과거를 치유하고 내일을 재건한다.

학교에서 따돌림을 당하고, 폭력에 시달린 끝에 고등학교를 자퇴한 쌍둥이 여학생들이 있었습니다. 두 사람의 가정은 몹시 가난했기에 병든 아버지를 수발하며 하루종일 일에 시달리는 어머니에게 자신들의 괴로움을 털어놓을 수도 없어서 그저 괴로운 일상이라도 빨리 벗어나고자 자퇴를 했던 것이었습니다. 두 사람은 각각 수원과 광주에 있는 공장에 중졸 여공으로 취업을 했고, 태어나 처음 서로 떨어져 생활하게 되었습니다. 1980년대의 단순 생산직 여공들은 그야말로 몸이 부서져라 일을 하고, 모진 대우를 감수해야 했습니다. 고등학교 졸업장도 없었기에, 그들이 겪었던 육체적인 수고와 정서적 수모는 이루 말할 수 없는 것이었습니다. 불우한 과거가 그들의 삶에 완전하게 각인되었습니다.

그런데, 2014년에 한 대학원생이 자신의 개인적인 연구 과제를 찾다가, 우연히 그 자매를 각각 인터뷰하게 되었고, 그것을 통해 놀라운 사실을 발견하게 됩니다. 그 대학원생은 자매들에게 '당신의 20대 시절의 일상과 삶에 대해 어떤 기억을 갖고 있는지, 행복과 불행 중에서 선택해 달라.'고 질문했습니다. 쌍둥이 자매들이 이 대학원생을 만난 것은 정말 우연이었기에, 그들의 답변은 다른 시간, 다른 지역에서 이뤄진 것이었지만 두 사람이 각자 과거의 기억을 더듬어 함께 했던 시절에 대해 말해 준 내용은 거의 똑같았고 사실상 너무나 불우한 삶이었습니다. 그런데, 쌍둥이 중 언니인 J는 직장 생활을 회상하면서, 옅은 미소와 함께, '그때 참 힘들었지만, 지금 생각해 보면 소소한 행복한 일도 많았다. 굳이 행복이냐 불행이냐를 선택하라고 한다면, 당시의 추억은 행복한 기억이었다'고 말했습니다. 반면에, 동생 S는 과거를 떠올리는 것조차 고통스러워 했고, 괴로운 표정으로 '싫다, 끔찍하다, 너무나 불행한 기억이었다'는 말을 반복했습니다. 비슷한 20대 시절을 보냈던 쌍둥이 자매의 대답이 왜 이렇게 달랐을까요?

그 대학원생이 알게 된, 쌍둥이 자매 두 사람의 차이점은 '오늘', 그들의 삶이었습니다. 언니 J는 엄청나게 고생을 하는 중에도 검정고시를 치르고, 방송통신대 졸업장까지 받으며, 직장에서 더 인정받게 되었습니다. 지금은 중요한 관리자로 승진을 했으며, 그 사이에 좋은 사람과 행복한 가정을 이뤄, 만족스러운 사회 생활을 하고 있었습니다. 반면 동생 S는 공장에서 십여 년간 힘들게 모은 돈을 부동산에 투자하려다가 믿었던 사람에게 사기를 당해 재산 대부분을 잃고, 그 일로 감옥까지 갔다가 풀려났는데 아직도 자기가 빌리지도 않았던 돈을 갚느라 식당 일을 하며, 힘든 생활을 전전하고 있었던 것입니다.

이것은 어떻게 우리들의 '오늘'이 '과거'를 바꾸는지, 선명하게 보여주는 이야기입니다.

지나고 보니 견딜만한 순간들!

저도 비슷한 기억이 있습니다. 지금은 상상조차 할 수 없는 일이지만, 제가 고등학교를 다니던 시절에는 선생님들이 학생들을 심하게 때렸습니다. 저는 운이 좋아 많이 맞지는 않았지만, 그래도 반 분위기가 마음에 들지 않는다고 하면서, 진체 학생들의 빰을 향해 얼 대씩 올리는 띠귀의 얼얼했던 기억은 지금도 생생하게 불쾌한 추억으로 남아 있습니다. 누가 때렸는지 기억도 있구요. 재미있는 것은, 당시에 제일 많이 맞았던 친구들 몇이 지금도 그들을 심하게 때렸던 선생님들을 떠올리며, 정말 좋으신 분이었다고, 그 때의 추억이 가장 행복했던 학창 시절의 기억이라고 얘기하는 것입니다.

이런 이야기를 하는 친구들에게는 공통된 특징이 있습니다. 그것은 바로 그들이 만족할 만한 사회적 지위 또는 경제적 성공을 통한 여유가 생겼다는 것입니다. 모든 과거의 일들은 어차피 자신이 겪어낸, 지나간 일들이며, 오늘의 자신이 만족하며 살 수 있도록 그 나름대로 순기능을 했을 것이라는 판단을 하는 거죠. 그렇기에, 불우해 보이는 과거의 기억들조차, 사실은 내가 더 열심히 살 수 있도록 도움을 준 '견딜만한 것들'이라는 생각으로, 태도의 여유가 만들어진 것입니다.

여러분, 혹시 지금 불행하다고 생각하신다면 이 불행한 기억이 영원할 것이다라는 확신으로부터 벗어나기 바랍니다. 당신의 내일에 만족스러운 삶이 찾아오는 순간, 지금 느끼는 불행은 도리어 '버텨낼만한 단련, 힘들었지만 나를 성장시킨 행복'으로 변화할 것입니다. 시간의 마법은, 눈앞의 미래를 과거로 바꿔 나가는 과정, 즉 현재의 삶을 통해, 나의 진짜 '미래'를 변화시키는 것이며, 동시에 그렇게 성취한 미래는, 우리들의 과거를 다시 아름답게 바꿔주는 비밀의 선순환이 작동합니다.

미래와 과거는 우리의 현재, 오늘의 선택들 속에서 쉼없이 변하고 있습니다.

3
이해한다는 것, 공감에 대해

그들의 세상은 그저 달랐을 뿐!

이병헌, 박정민이 출연한, 〈그것만이 내 세상〉이라는 영화가 있습니다. 자폐 스펙트럼 장애를 가진 청년이 자신의 특별한 음악적 능력을 발견하는 과정을 통해 세상과 소통하는 이야기입니다. 815pictures라는 유튜브 채널에서 이 영화의 감동적인 장면 일부를 포스팅했는데, 어떤 엄마가 댓글을 달았습니다.

> 자폐아의 엄마로서, 그들에 대한 이해를 높이는 영화들이 나와 반갑습니다. (@ronatima3884)
>
> [I'm so happy Korea is creating more and more films that have autistic characters. This is a great way to promote autism awarene

ss so people can be more understanding that they are too just re gular people like us. Being an autism mom I felt really emotional watching this.]

공감하는 마음으로 이 댓글을 읽고 있는데, 그 아래에 달린 다른 댓글 한 줄에, 저도 모르게 그만 눈물을 흘리게 되었습니다.

내 부모님도 자폐를 이해했더라면 좋았을 텐데, 그들은 내가 그저 관심을 끌려고 그런다고 생각했고, 16년동안 계속 저를 때렸습니다. (@Adam)

[I wish my parents were educated about it before beating me co ntinuously for 16 years because they thought I just wanted atten tion. They didn't even bother to seek professional help.]

Adam의 부모는 자기 자녀를 이해하려고 하지 않았습니다. 그리고, 다른 아이들과 뚜렷하게 달랐던 그의 행동을 교정하기 위해, 아이에게 물리적 제재를 가하는 것이 옳다고 믿었죠. 대체 누가 이들에게 이런 폭력적인 해결책을 알려주었을까요? 심지어 어떤 것도 해결하지 않는 해결책을 말입니다. 부모라면, 내 아이가 남과 다른 모습을 보일 때, 이 다름의 원인을 궁금해하고, 스스로 알아낼 수 없다면 그것을 알만한 사람을 찾아 물어봐야 하는 것입니다. '아기가 울면, 젖병을 물려줘라'식의 접근은 최악입니다. 아기가 아파서 열이 나는지, 아니면 배변을 했는지,

그것도 아니면 그저 엄마 아빠가 보고 싶어서 그랬는지 생각이라는 것을 해야죠. 더군다나, 자폐처럼 마음의 문을 닫고 특정 행동을 반복하거나 소통에 장애가 있을 때, 폭력으로 대응하는 것은 어리석음 그 이상도 이하도 아닌 것입니다.

차이와 차별 사이, 이해!

자신과 다른, '차이'에 대해, 우선 공격적으로 반응하는 것은, 인류의 뿌리 깊은 역사에 늘 등장하는 행동입니다. 인간을 포함한 모든 동물은 낯선 자극이나 위협에 대해, 본능적으로 '맞서거나 도망치거나 fight or flight'라는 전략을 통해서 생존해 왔고, 대부분의 경우 우리 구성원과 다른 이질적 존재는 일단 '공격'을 해서 '배제'해야 한다라는 본능이 작용합니다. 이것은, 아마도 몸에 침투하는 이물질에 대한 면역과도 같은 메커니즘이었을 것입니다. 그리고, 여러 구성원이 이질적 존재 하나를 핍박하는 것도 일종의 우위적 성취감과 공격성을 충족시켜, 도파민을 분비해 주기 때문에, 다른 존재에 대한 폭력적 대응은 언제나 정의로운, 또는 신성한 것으로 여겨졌습니다. 다른 것이 틀린 것이 아니다라는 생각은 인류사에서 극히 최근에 등장해서, 발전한 개념입니다.

Adam의 부모는 왜, 오토타케의 어머니처럼, 남들과 다르게 태어난 자녀를 있는 그대로 받아들이거나, 이해하려 하지 않았을까요? 그것은 우리가 스스로 편견을 무너뜨리고 순수하게 상대를 이해하려는 행위가, 실제로 많은 에너지를 소모하는 일이기 때문입니다. 보통의 부모라면 에너지가 얼마가 소모되든, 자녀를 이해하고 자녀의 편에서 세상을 바라봐줄 텐데, Adam에게 그런 평범한 행운은 찾아오지 않았습니다. 대신에 그의 부모는 '말을 안 듣는 아이는 때려라'는 편견으로 가득했죠.

혼자서는 할 수 없는, 편견을 깨부수는 일

편견을 버리는 것은 정말 쉽지 않은 일입니다. 우리들을 구성하는 유전자, 시대와 공간, 언어와 문화 등을 통해 형성된 집단적인 사고가 무의식 속에 내면화된 것이기 때문입니다. 저절로 형성된 것이기 때문에, 편견은 우리들의 마음이나 생각과 같은 것이 아닙니다. 그것은 고착화된 '태도'입니다. 어떤 사람이 짝다리로 서 있으면, 간단히 자세를 고쳐주면 됩니다. 그렇지만 한쪽 어깨가 삐딱하게 굳어져 있으면, 그것을 교정하는데 많은 에너지와 시간을 필요로 하는 것입니다. 이렇듯, 편견이라는 태도를 교정하는 데에도 에너지와 시간이 필요하며, 스스로 편견을 없애는 것은 더욱 어렵습니다.

그런데, 누군가가 옳은 사유를 바탕으로 새로운 시각을 제시하고, 합리적인 설명을 통해 우리가 가진 태도가 편견이었으며, 정의로운 대안이 가능하다는 것을 깨닫게 도와준다면, 화석처럼 단단하게 굳어져 그것이 편견인지조차 몰랐던, 생각이나 태도조차 언젠가는 모래성처럼 무너질 수 있는 것입니다. 인류의 시대정신은 그렇게 발전해 온 것이죠. 사람 간, 인종 간 넘을 수 없는 신분의 차이가 있다거나, 특정 계급에 속하는 사람의 목숨 하나가, 낮은 계층민 수백, 수천 명보다 소중한 것이다라는 생각이 편견임을 깨닫고, 부수는 데는 정말 오랜 세월이 걸렸습니다. 그러나, 아직도 그런 편견을 가진 사람들은 존재하고 있습니다. 그래서, 여러분에게는 정말로 신뢰할 수 있는 어른이 필요한 것입니다. 물론, 그 어른도 일찌감치 스스로 편견을 깬 용기 있는 사람이겠죠.

핍박받는 소수가 언제나 옳은 것은 아니다

누군가를 이해하고, 편견을 부수는 주제를 다룰 때면, 젠더에 관한 이야기가 꼭 같이 등장합니다. 혹시 여러분 LGBT라고 들어보셨을까요? 남녀 간의 사랑을 이성애라 부르는데, 인류가 전통적으로 이 이성애를 기반해서 생존해 왔다고 한다면, LGBT는 이성애와 '다른', 여러 가지 성적 지향들을 가리키는 표현입니다. 이성이 아닌, 동성을 향해 성적 매력을 느낀다거나, 태어날 때 신체적 특징으로 결정된 자신의 생물학적 성을 자기의 정체성으로 받아들이지 못하는 것 등, LGBT는 전통적 이성애와는 다른 차이를 보입니다. 최근까지 LGBT는 각각의 알파벳이 의미하는 단어들과 연결된 성적 성향을 가진 사람들을 지칭하는 표현이었지만, 요즘은 성적 소수자들을 한꺼번에 묶어 지칭하는 용어가 되었습니다. 특히 미국 사회처럼 '다양성'을 더 적극적으로 용인하는 문화에서 널리 쓰이다 보니, 좀 더 세분화된 성적 지향성을 추가해 'LGBTQAI'와 같은 식으로 부르는 사람들도 늘었습니다. 이성애가 아닌 형태의 성적 지향들에 대해 불편함을 느끼는 저로서는 굳이 이렇게까지 해야하나 싶지만, 그런 명칭조차 그들을 전부 인정해 주고자 하는 사회의 노력으로 보입니다.

여러분과 같은 소녀 중에서도, 언젠가 갑자기 자신의 성적 정체성 또는 지향성을 찾았다면서, 어떤 성적 소수자 집단의 일원임을 공개하게 될 때도 있을 것입니다. 이것을 '커밍 아웃$_{coming\ out}$'이라고 부릅니다. 그런데, 커밍 아웃 때문에 사회 생활에서 어떤 불이익이나 차별을 받는다면, 그것은 결코 옳지 않은 일입니다. '다르다'는 이유로 가해지는 모든 박해는 폭력적인 형태의 편견이기 때문입니다.

다만, 제 생각을 조금 더 말씀드려본다면, 우리가 소수 집단에 속했다는 사실 그 자체가 우리를 더욱 정의롭게 만들어준다거나 더 선한 편에 서 있다는 증거로 사용할 수 있음을 뜻하는 것은 결코 아니라는 것입니다. 소수가 무조건 옳은 것이 아니라, 소수를 향한 다수의 일방적인 박해가 부당한 것일 뿐입니다. 그러므로, 여러분이 만약 소수 집단에 속하게 될 때, 우리 집단이 '옳다'라는 것에 대한 근거를, '핍박받는 상황'으로부터 찾아서는 안 되는 것입니다. 여러분은 스스로 여러분이 속하는 집단의 명분과 선악을 판단할 수 있는 지혜를 갖추셔야 합니다.

진정으로 이해하는 친구가 되는 기술

> 부드러운 햇빛이 옷의 단추를 풀게 하듯, 폭력이 아니라 공감이 세상을 바꾸는 것

누가 친구일까?

성경을 보면, 예수가 사람들에게 복음을 전할 때, 한 율법사가 다가와 영생의 방법을 묻자, 예수는 "하나님과 이웃을 당신 자신처럼 사랑하시오."라고 답합니다. 다시 그 율법사가 "내 이웃이 누구인가요?"라는 질문을 하는데, 그에 대한 예수의 답변이 바로 널리 알려진 '선한 사마리아인' 비유입니다. 내용을 간단히 소개하면, 어떤 사람이 길을 가다가 강도를 당해 반쯤 죽어가는데, 길을 가던 성직자나 신학자도 그를 피해 가며 외면하지만, 당시에 사회적으로 멸시를 당하던 종족인 사마리아 출신의 한 사람이 그를 구조해 치료해 주고, 자기 시간과 돈을 지불하여 도와주었다는 이야기입니다. 우리는 이 이야기를 통해 '다른' 사람을 이해하고 친구가 되는 방법에 대한 단서를 얻습니다.

사마리아 종족은 혈통 문제로 이스라엘 사람들에게 차별받던 소수자 집단입니다. 그들이 하는 일은 항상 부정당하고, 그들의 존재 자체가 '문제'로 여겨졌습니다. 그런데, 신의 대리자인 성직자들이, 강도를 만나 죽어가는 사람을 보고도 외면하고 피해갈 때, 사마리아 출신의 행인이 오히려 그를 돕습니다. 그리고 예수는 이 비유를 말한 후에 "누가 내 이웃인가요?"라고 질문한 율법사에게 "누가 강도 만난 사람의 이웃인가?"라고 묻죠.

예수에게는 신분이나 혈통이 의미없는 편견일 뿐입니다. 강도를 당해 죽어가는 사람에게, 그 현장을 지나는 이가 셀럽인지 여부는 무의미한 것입니다. 사마리아인이라는 편견의 굴레에 쓰인 소수 집단에 속한 사람이더라도, 선한 마음으로 신의 정의를 실천하는 사람이 바로 강도를 만나 죽어가는 사람의 이웃인 것입니다. 친절을 베푸는 데에는 우리의 시간을 약간 내어주면 되지만, 도움이 필요한 사람의 진정한 이웃이 되는 데에는, 선한 소수자가 될 수 있는 용기가 필요합니다. 이것을 우리는 공감 능력이라고 부릅니다.

생각을 바꾸는 용기

학교에서 일진들이 약한 학생을 대상으로 잔인한 폭력을 휘두르고 부당하게 따돌림을 할 때, 우리는 그 폭력의 대상이 내가 아니어서 다행이다라는 표정을 애써 감추며, 모른 척 그 현장을 피해 갑니다. 사실 우리 대부분은 신체적으로나 정신적으로 뚜렷하게 약하기 때문에 이 불의한 상황에서 목소리를 내기 힘든 것이 사실입니다. 그런데, 만약 그 일진들의 괴롭힘의 대상이 사실은 여러분이었다면 어떨까요? 다른 친구들이 모른 척 피해 가기를 간절히 원하실까요? 아니면, 누군가 한 사람이라도 도움의 손길을 내밀어 주기를 바라고 있을까요?

비유 속의 사마리아인은 부당한 핍박을 당한 사람의 괴롭고 억울한 심정을 잘 이해하고 있었습니다. 그렇기에 더욱 피해자에게 공감할 수 있었죠. 그래서, 자신의 갈 길도 바쁘지만 그를 치료하고, 여관에 데려다주고, 자기 돈을 맡기면서 돌아올 때까지 환자를 돌봐달라는 부탁을 했습니다. 강도 만난 이를 외면했던 성직자들은, 피해자의 입장에서 생각하지 못했습니다. 오직 자신의 입장에서 그 상황을 보고, 현장을 피해가려 했던 것입니다. 잔혹한 범죄를 저지른 범인에게 상상도 못할 관대함을 베푸는 법관들도 마찬가지입니다. 그들은 피해자가 느꼈을 소름끼치는 고통에 공감하지 못하고, 재판을 그저 처리해야 할 업무로만 대한 판결을 내리곤 합니다. 우리는 어떤 상황에서든 입장을 바꿔 생각할 수 있는 힘, 나아가 타인의 감정에 대한 공감 능력을 필요로 합니다.

일진에게 맞고 있는 사람이라서 선한 것이 아닙니다. 장애를 갖고 있기에 옳은 것도 아닙니다. 성적 소수자 또는 소수 인종에 속해 있기 때문에 정의로운 것도 더더욱 아닙니다. '다르다'는 이유로 부당한 차별과 억압을 가하는 것이 옳지 않을 뿐입니다. 그렇기 때문에 박해받는 소수의 편에 함께 서는 행위가 정의로운 것이며, 옳고 선한 행위가 되는 것이죠. 마찬가지로, 언제나 다수의 편에 서 있을 것 같은 우리들에게도 살다 보면 '차별'을 겪게 되는 순간이 올 수 있다는 사실을 늘 염두에 두고, 비합리적인 부당한 편견에 시달리는 사람들의 마음에 공감하는 힘을 길러야 합니다. 우리같이 평범한 사람들은 언제든 그런 상황을 맞게 될 수 있으니까요. 평범한 사람들이 점점 더 타인을 공감하는 노력을 많이 하고, 상대와의 합리적인 토론과 열린 태도를 갖춰 나갈수록, 우리 사회에는 진정한 이해가 뿌리내릴 것입니다.

부드러운 햇빛이 옷의 단추를 풀게 하듯, 폭력이 아니라 공감이 세상을 바꾸는 법입니다.

4

미디어와 진실에 대해

전달받는 사실이 모두 진실은 아니다

여러분은 태어나서 이제껏 한 번도 만나본 적 없는 사람을 좋아할 수 있나요? 물론 가능합니다. 여러분의 표현으로 하면 '쌉가능'이죠. 저에겐 국민 MC 유재석이 그렇습니다. 심지어 저희 딸들에게 TV에 나온 유재석씨를 보며, 아빠 친구 나왔다고 자주 얘기합니다. 그가 저와 동갑인데다가 생각도 비슷한 지점이 많아 저는 마음에서부터 그를 진심으로 친한 친구라고 여기고 있습니다. 실제로는 그와 단 한 번도 대화는 커녕 만난 적도 없는데 말이죠.

우리는 정말이지 한 번도 만나보지 않았던, 수없이 많은 사람을 좋아합니다. 동시에 수많은 사람들을 싫어하죠. 심지어 죽이고 싶을 정도로 그들을 미워하기도 합니다. 어떤 만취 음주 운전자가 차를 난폭하게 몰다가 반대편 도로의 길 가던 초등학생을 치어 사망하게 한 뉴스를 본 날은, 그 사람을 향한 분노가 며칠간 사라지지 않습니다. 최근에 세상이 미워졌다면서 자동차로 무고한 사람들에게 돌진한 후, 흉기까지 휘둘러 더 피해를 입혔다는 범죄자 소식을 들으면, 일어난 일 자체에 대한 울분과 화도 치밀었지만, 그 범죄자를 향한 저주에 가까운 미움이 생겨난 것입니다. 우리의 삶에서 단 한 번도 본 적 없고, 평생 만나게 되지도 못할 사람인데, 갑자기 그를 미워하게 되는 것이죠. 어찌 보면, 그것도 우리들이 가진 공감 능력을 반증하는 것일수도 있겠습니다.

어쨌든, 이렇듯 사람은 미디어나 SNS로 전달받은 소식들, 즉 다른 사람이 말해 주는 사실들에 의해, 특정한 대상을 향해 극단적인 호불호를 형성할 수 있습니다. '삼인성호三人成虎'라는 고사성어는 '세 사람이 한목소리로 범이 나타났다고 주장하면, 실제와 상관없이 범의 등장이 기정사실이 된다'는 뜻입니다. 어떤 거짓말도 여러 사람을 통해 계속 반복적으로 전달되면, 그것을 진실로 믿게 된다는 얘기죠. 한 번에 수만 명 이상의 사람들을 통해 공유되는 미디어와 인터넷에서, 우리는 끊임없이 '사실'들을 전달받으며, 그 사실들을 '진실'로 믿게 될 수밖에 없는 것입니다. 2014년 세월호 침몰사고에서, '전원구조' 소식에 안도하며 미소 지었던 국민들이, 저녁에는 비통함으로 눈물을 흘리게 되었던 것도, 정보가 부족해 미디어에 의존할 수밖에 없는 사람들이 뉴스로 전달받는 사실을 즉각 '실현된 진실'이라고 믿기 때문입니다.

미디어의 정보를 믿으면, 타인의 의지가 내 것이 되는 것

우리가 만난 적도 없는 누군가를 싫어하거나 그 사람에 대해 안 좋은 이미지를 갖는 것도, 사실은 우리의 의지와 별개로, 의도적으로 왜곡된 정보를 생산해서 퍼뜨릴 수 있는 힘을 가진 타인의 계획일 수도 있는 것입니다. 학교에서도 어떤 친구에 대해 '성격에 문제가 있다, 빌려간 것을 안 갚는다, 도벽이 있다'는 식으로 부정적인 소식을 퍼뜨려 그 친구의 이미지를 망치려는 아이들을 종종 볼 수 있습니다. 왜 이리 좋은 얘기보다 안 좋은 얘기들을 적극적으로 전달하려는지 모르겠어요.

가짜 뉴스로 한 사람을 망치는 일은 쉽고, 그 사람을 그 이전의 상태로 되돌리는 일은 불가능합니다. 누군가를 억울하게 만들면, 그 사람은 절대로 이전의 평온함으로 돌아갈 수 없습니다. 그러므로 정보를 왜곡하거나 조작해서, 무고한 다른 사람에게 해를 끼치려는 사람이 있다면 정말 천벌을 받아 마땅합니다. 세 치 혀와 손가락 몇 개로 한 사람의 마음과 존재를 살해하는 일입니다.

누군가에게서, 아니면 SNS나 TV를 통해, 여러분이 어떤 새로운 정보를 만나게 된다면, 앞으로는 무작정 그것을 진실로 받아들이기보다, 일단 그 정보가 잘못된 것일 수도 있음을 항상 염두에 두는 습관이 필요합니다. 해당 정보를 다른 채널로도 찾아보고, 관계되는 다른 정보들도 탐색해 보면서, 일의 인과 관계나 사건의 배경 등을 따져보는 것은, 여러분이 주체적으로 정보를 해석할 수 있는 능력을 갖도록 이끌어 줄 것입니다. 정보를 주체적으로 받아들이고 해석할 수 있는 사람이야말로 타인에게 쉽게 '이용'당하지 않습니다. 자신의 뜻이 아닌 것을 자신의 뜻이라고 믿지도 않습니다. 우리 딸들이 다른 사람의 의지를 자기 것으로 착각하고 살아가지 않기를 원하는 것입니다.

끌림에 거리 두기

우리는 우리 자신의 느낌에 대해, 온전히 그대로 '나의 것, 나의 느낌'이라고 여깁니다. 그렇지만, 어떤 것을 좋아하거나 싫어하는 느낌조차, 타인이 우리의 감정을 통제하려는 시도에 무의식적으로 넘어간 결과일 수 있습니다.

계속 말씀드리고 있듯이, 우리 스스로를 우리 자신의 의지대로 움직일수 있는 힘이 근력이라면, 타인을 자신의 의지로 움직일수 있게 만드는 힘이 권력인 것입니다. 권력을 가진 사람들이 우리의 감정도 조작할 수 있습니다. 그들은 진실에 관심이 없습니다. 그들에게 필요한 어떤 '사실'을 '진실'이라고 믿게 만들어 사람들을 그들의 뜻대로 하는 데 능숙한 사람들입니다. 극소수의 권력자가 절대 다수 사람들의 삶을 좌우한다는 점에서, 권력은 무서운 것이고, 삶 뿐 아니라 사유와 감정까지 지배하고 통제할 수 있다는 점에서 권력은 더욱 치명적입니다.

흥미로운 건, 우리나라 국민들 중 상당한 수의 사람들이 오히려 권력자들에게 적극적으로 통치받고 싶어한다는 점입니다. 스스로 생각하고, 판단하는 일, 주체적으로 해석하는 행위가 그들에게는 귀찮은 노동이 되는 것입니다. 그들은 그저 자기들을 이끌어줄 사람을 몹시 원하고, 그에게 자신의 권리와 함께 생각과 감정마저 기꺼이 양도해 버리는 것입니다. 조금만 합리적으로 생각해도 믿지 않을 이야기들을 덮어놓고 믿는 사람들이 거기에 속합니다. 그런 사람들이 많아질수록 타락한 권력자들의 세상이 되는 것이죠.

　선거 때마다 정치하겠다는 사람들이 왜 이렇게 많을까 싶겠지만, 사실 대다수의 시민들은 그 사람들을 꼼꼼히 살펴보지 않고, 특정 정치 집단에게 자신들의 의사 결정 능력 자체를 모두 양도합니다. 상대 정치 집단을 향해서는 무조건적인 반발로 일관하고, 자신이 지지하는 정치 세력을 향해서는 '묻지마' 수준의 순응을 보이는 사람들이 정말 많습니다. 우리나라는 특히 거대 정치 집단에 소속되지 않고서는 권력을 갖는다는 것 자체가 매우 힘들기에, 권력자들은 대중에게, '보통 사람이 함부로 권력을 탐해서는 안 된다'라는 메시지를 전파하는데, 이를 당연하게 여기는 사람들이 도무지 줄지 않습니다.

사회의 신뢰는
진실을 길어내는 힘을 바탕으로

　권력을 가진 사람들이 그것을 나눌 생각이 전혀 없기 때문에, 정상적인 국가는 권력자들을 견제하고 감시하는 일이 몹시 중요합니다. 특히 민주주의 사회는, 권력자들의 타락을 감시하고 그들이 숨기는 정보를 찾아서 전해주는 언론인들이 이 역할을 제대로 수행해야 합니다. 그래서, 언론이 전달하는 정보가 얼마나 '신뢰'할수 있는지 여부가 좋은 사회의 척도입니다.

삼인성호는 얼마든지 일어날 수 있습니다. 대다수의 국민들은 미디어가 말해 주는 그대로 믿습니다. 심지어 언론이 전달하는 정보 뿐 아니라, 사회 상황에 대한 언론의 비평도 그대로 받아들입니다. 어떤 연예인이 불법을 저질렀다거나, 어떤 정치인이 뇌물을 받았다와 같은 부정적인 뉴스를 들으면, 사람들은 실제로 그 뉴스가 언론인들에 의해 명확히 확인되었을 것이라는 확고한 믿음을 바탕으로, 그 정보를 진실과 동일시합니다. 그렇기 때문에 진실을 검증하고, 사실 속에 섞인 가짜들을 걸러, 진실을 길어내는 힘이야말로, 건강한 사회의 언론 종사자들에게 가장 필요한 것입니다. 여러분이 학교를 배경으로 하는 드라마에서 흔히 볼 수 있듯이, 학생들을 지켜야 할 선생님이 오히려 일진들을 비호한다면, 그것은 이미 건강한 교육기관이 아닌 것입니다. 언론사와 미디어 종사자들이 권력자들의 눈치를 보며, 그들의 권력 유지를 위한 도구의 역할을 자처한다면, 그것은 국가와 국민을 망치는 반역 행위가 되는 것입니다.

사실들 속에서
진실을 가려내는 기술

> 미디어가 진실에 관심을 두지 않는 시대,
> 정보 이면의 의도에 관심을 가져야

정보 배후의 의도

어떤 정보들이든 모두 '의도'가 있습니다. 그리고 그 의도는 언제든지 정보를 생산하는 측의 입장을 반영하기 때문에 그들에게 절대적으로 유리합니다. 방금까지 말싸움을 하던 두 친구를 따로 만나, 왜 싸웠는지 물어보세요. 두 사람 모두 자기 자신을 변호하고, 본인의 의도는 선한 것이며, 싸움의 원인과 과정을 자기들에게 유리한 것만 말해줄 것입니다. 당연한 것이죠.

정보를 생산하는 사람은 불리한 것을 드러내지 않는 법입니다. 그러므로, 여러분이 학교나 친구들 사이에서, 어떤 대상을 낮게 평가하는 말이나 그 대상에 대한 부정적인 정보를 듣는다면, 일단 즉각적인 신뢰를 중단하는 지혜가 필요합니다. 설령 그 정보가 정말 믿는 친구로부터 전해진 것이었어도 말이죠. 여러분에게 솔로몬 왕이나 판관 포청천과 같이 판결을 내리라는 것이 아닙니다. 적어도 어떤 사람이 내가 모르는 사이에 나의 감정을 마음대로 조종하려 드는 불쾌함을 예방하기 위한 것입니다.

정보를 믿지 말라는 것이 아니라, 정보를 무턱대고 믿지 말라는 것입니다. 그런 뒤에, 그 부정적인 정보의 생산자가 아닌, 정보의 대상자를 통해서도 관련 정보를 확인해 보는 것입니다. 언론인들은 이것을 취재의 기법인 '크로스 체크'라고 부릅니다.

학생 A가 시험에서 부정행위를 했다는 부정적 소문을 들었다고 가정합시다. 그 소문을 듣자마자 무조건 진실이라고 믿어버리지 않는 것이 첫 단계이며 가장 중요합니다. 그 이후, A와 친하거나 A를 변호할 만한 사람을 통해 소문과 다른 방향의 사실들이 존재하는지 취재하는 것입니다. 그 과정은 보통 시간이 소요됩니다. 이 시간을 통해서 A가 부정행위를 했다라는 정보가 실제로 일어난 '사실'인지, 아니면 A와 말다툼을 한 다른 친구 B의 악의적인 장난인지 드러날 수 있습니다. 여러분처럼 크로스 체크를 하는 사람들이 많을수록 학교는 건강해 질 것입니다. 우리에게 전해지는 정보들은 모두 의도를 바탕으로 한다는 것을 알면, 세상의 작동원리를 이해하는 데에도 도움이 됩니다.

그는 왜 이 정보를 나에게 전했을까?

주택 가격이 오를 것으로 보이니, 빨리 집을 사야한다라는 기사를 접하게 되었다고 합시다. 그런데, 이 기사를 작성한 기자가 건설사를 대주주로 하는 언론사에 소속되어 있음을 알고 있다면, 여러분은 정보의 의도를 읽는데 도움이 됩니다. 주체적으로 정보를 처리할 수 있는 능력을 가진 사람들은 이 기사가 집 없는 서민들을 위해 양질의 정보를 제공해서 도움을 주려고 쓰여진 기사인지, 아니면 주택 거래를 활성화하고 가격을 높여서 건설사의 더 큰 이익을 도모하려는 '의도'가 있는 것은 아닌지 읽어낼 수 있을 것입니다.

마찬가지로, 여러분이 어떤 사회적 이슈나 정치적인 사안들에 대해서 균형잡힌 통찰력을 갖추고 싶다면, 정치적, 사회적으로 보수적 성향을 가진 언론사와 진보적 성향을 가진 언론사가 동일한 사안에 대해 각각 어떤 의도를 갖고 누구의 입장을 바탕으로 보도하고 있는지, 그리고 특히 그 보도를 읽은 독자가 어떤 생각을 갖게 될 것인지 추론하는 습관을 갖도록 합시다. 그러면 적어도 우리가 어떤 사안에 대해 느끼는 감정이 진짜 자신의 것이 될 수 있도록 뭔가 노력하고 있는 중이라고 스스로에게 위안할 수 있게 될 것입니다.

미디어 종사자들이 진실이 아닌 사익에 관심을 갖는 시대입니다. 우리는 우리에게 소식을 전하는 사람들의 의도를 파악하는 힘을 길러야 합니다.

5
깊이 좋아한다는 것, 사랑에 대해

억만 번 더 들어도 기분 좋은 말, 사랑해

    좋아하는 마음이 깊을 때, 표현할 단어는 사랑밖에 없어 보입니다. 그러니, 세상 모든 관계들에 널리 쓰이는 말이 사랑입니다. 어머니의 사랑, 부부의 사랑, 할아버지 할머니의 사랑, 과장 부장님의 사랑, 사장님의 사랑, 동기간의 사랑, 반려동물 가족의 사랑, 신의 사랑, 아빠의 딸 사랑, 선후배간 사랑, 스승의 사랑, 가족의 사랑, 애인 간의 사랑, 이모 삼촌의 사랑, 자녀들의 사랑, 수학을 사랑, 김치찌개를 사랑, 꽃과 별을 사랑, 달리기를 사랑, 평화를 사랑… 잠깐 떠오르는 '사랑이 들어가는' 관계를 나타내는 말들이 이렇게나 많습니다. 오래된 어떤 노랫말은, '사랑이라는 말이 너무 흔해서, 당신에게만은 쓰고 싶지 않지만, 달리 찾을 말이 없어 어쩔수가 없다'고 하며, '사랑해~ 너를 사랑해~'라며, 사랑을 수없이 반복합니다. 세상 위에 사람이 관여하는 모든 것에 항상 사랑이 있고, 거기에는 늘 깊이 좋아하는 마음이 있습니다.

여러분도 이미 태어나면서부터 부모님과 가족들에게 사랑받아왔고, 선생님과 이웃, 그리고 친구들과 사랑을 주고받으며, 이렇게 소녀로 잘 성장했습니다. 늘 사랑을 경험해 왔고, 사랑을 모르는 것도 아닙니다. 좋아하는 아이에게 고백을 하거나, 받아본 경험도 있을 것이구요. 심지어 그 아이와 사귀기로 하면서, 이것이 낭만적인 사랑이라는 느낌을 얻었을지도 모르죠. 영화나 드라마를 통해 이성간의 사랑을 간접적으로 경험한 사람도 있을 것이고, 일체 이성 교제라고는 나와 상관없다는 분도 있을 수 있습니다. 앞으로 여러분은 지금까지보다 더욱 많은 사람들과 관계를 맺게 될 것이고, 그 관계 속에서 성숙하는 자신의 역할을 통해 더 다양하고 특이한, 이런저런 사랑을 만나게 될 것입니다. 그것을 준비하면서, '진짜 사랑'은 무엇일지, 그리고 사랑의 본질은 어떤 것일지 함께 생각해보려 합니다. 이 글이 여러분의 사랑에 대한 시야를 넓히고, 용기있게 '진짜 사랑'을 향해 나갈 수 있게 도움이 되길 바랍니다.

진짜 사랑, 감별법

세상에 존재하는, 그렇게 많은 사랑이라 지칭되는 관계들 속에 공통적인 것을 추출해 낼 수 있다면, 아마도 그것이 사랑의 본질일 것입니다. 저는 이미 사랑을 '깊이 좋아하는 마음'이라고 말씀드렸죠. 좋아하는 마음이 어느 정도 깊으면, 그 지점부터 '사랑'이라고 부를 수 있을까요? 그리고 더 이상 좋아하지 않게 되면, 그 순간부터 사랑은 끝나는 것일까요? 사랑의 공통적인 기준을 깊이에서 찾는 것은 불가능할 것입니다. 깊거나 얕다라는 것은 느끼는 사람에 의해 정해지는, 철저하게 주관적인 기준이죠. 그렇기에, 살짝 좋아했으나 금세 싫어져, 좋아하는 마음이 지속 시간이 채 1분도 되지 않았다고 해서 사랑이 아니었다고 말할 수도 없습니다. 우리는 그것조차 사랑이라 말해도 되지만, 단 '진짜' 사랑은 아닐 것입니다.

'진짜 사랑'은 좋아하는 마음이 깊고 깊어져서 대상을, 자기 자신과 동일한 존재로 받아들이고 사랑하는 것입니다. 어머니의 사랑이 그 예입니다. 어머니의 사랑은 진짜 사랑이죠. 엄마들은 자신의 뱃속에서 열달동안 목소리를 들려주고, 태동으로 교류하며 마음을 나눴습니다. 자신을 희생하여 아이가 세상에 나오는 길을 열어주었고, 아이와 세상에서 직접 대면하는 첫 순간부터 죽는 날까지 좋아하는 마음을 키워갑니다. 그 크고 깊은 좋아하는 마음, 즉 사랑으로, 자녀를 위해 자기 목숨을 희생하는 일에 주저함이 없습니다. 심지어 대면조차 못한 자신의 아기의 생명을 구하기 위해서, 산모들은 의료진에게 목숨을 건 수술을 적극적으로 간청하기도 합니다.

남편의 사랑, 신의 사랑

"엄마니까 그럴 수 있지. 결국, '진짜' 사랑은 피붙이 아닌 남에게는 불가능한 일이네."라고 생각하실 수 있죠. 전혀 그렇지 않습니다. 남의 편, 한 남편의 이야기도 있습니다. 한 눈에 서로의 외모, 즉 겉모습에 반해 연애를 시작해, 결혼하게 된 어느 부부에게 끔찍한 재난이 일어난 것은, 첫아이가 이제 막 학교에 입학해 2주가 되었던 날이었습니다. 회식을 끝내고 귀가하던 아내에게 갑자기 음주 운전 차량이 돌진했고, 그녀는 급히 피하다가 머리를 크게 다쳐, 결국 뇌출혈로 인한 반신불수 상태가 되어버렸습니다. 설상가상으로 그 범죄자는 무면허라 치료비조차 받지 못하게 되었고, 평화롭던 가정이 순식간에 아수라장이 되었습니다. 남편은 육아와 아내의 간병을 위해, 다니던 직장을 그만두고, 건물 청소와 고깃집 불판 관리, 대리운전 등을 하며, 가족을 보살폈습니다. 일이 없을 때, 남편은 항상 아내의 곁을 지키며, 말도 어눌해지고 팔과 다리를 쓰지 못하는 아내의 재활을 극진히 도우며, 말을 걸어줬습니다. 상상도 하기 힘든 고난의 하루하루가 6년 넘게 지속되었지만, 남편은 아내가 살아있는 것에 매일 감사했고, 아내도 자녀들과 남편을 위해 매일 재활에 힘썼습니다. 아내는 결국 두 다리로 걷게 되었고, 이 가족들의 사랑과 신뢰는 많은 사람들에게 깊은 감동을 주었습니다.

기독교에서 말하는 신의 사랑이 바로 이런 사랑의 절정입니다. 인간을 아득히 초월한 존재가, 사람을 만들며, 인류에게 생명을 불어 넣으며 커다라 사랑의 실천을 기획합니다. 그것은 바로 '인간을 대신해 스스로 죽는 것'이었죠. 사람들에게 자유로운 의지를 허락하는 것은 영락없이 '반역'을 맞닥뜨리게 될텐데, 인류의 업보는 죽음이라는 단죄밖에 없는 상황에서, 그들의 죽음을 자신의 목숨으로 속죄하는 것, 이것이 신이 계획한 사랑입니다. 신은 인류를 죽이기 위해 생명을 준 것이 아니라, 그들을 살리기 위해 자신의 생명을 준 것입니다. 진짜 사랑은, 사랑하는 대상을 위해 스스로를 죽일 수 있는 '깊은 좋아하는 마음'인 것입니다.

켜켜이 쌓여 깊어진 좋아하는 마음

사랑은 좋아하는 마음이 깊어진 것입니다. 대상의 특징에서 사랑의 원인을 찾는 것은 얕은 사랑입니다. 예쁜 강아지를 입양해 와서 키우다가, 덩치가 커졌다고 버리는 사람들은 사실 강아지를 사랑한 게 아니라, 작고 예쁜 생명체에 반했던 것이죠. 그러다가 바뀐 모습에, 자기의 마음을 속히 거둬들인 것입니다. 대상 그 자체, 그 존재를 사랑한 것이 아니라, 좋아할 이유를 정해 놓고, 이유가 사라지면 애정을 거두는, 일종의 함수 관계인 것입니다. 강아지를 '진짜' 사랑하는 사람들은 반려견이 아플 때도, 말을 듣지 않고 말썽을 피워도, 큰 병을 앓다가 세상을 떠나는 날에도 그 존재를 사랑하는 것입니다.

첫눈에 반해 연애하고, 서로를 향한 사랑으로 열정이 뜨겁게 불타올랐다가, 언젠가부터 상대방을 만나는 일이 의무감으로 바뀌고, 처음의 설렘같은 것들이 촉촉함을 잃어, 바삭한 낙엽이 되어 땅에 떨어지고, 다툼과 지겨움으로 관계를 끝낼 일만 기다리는 연인을 생각해 봅시다. 이들의 열정적 사랑은, '진짜 사랑'의 단계까지는 결국 도달하지 못했습니다. 엄밀하게 표현해, 정열적으로 서로를 '좋아하다가', 계속 상대방을 좋아하게 만들어줄 재료들이 모두 소진되자 '연애'라는 간판을 내리고, 사랑의 영업을 종료한 것입니다. 얕은 사랑을 하는 사람들이 결혼에 도달한다 해도 '진짜 사랑'으로 가지 못하면, 결국 서로 좋지 않은 결과를 맞게 되는 것을 우리는 많이 목격합니다.

사람들은 좋아하는 감정이 절정에 달했을 때, 결혼을 한다고 생각합니다. 주례 선생님들은 '서로를 향한 이 마음 변치 말라'고 당부합니다. 그렇지만 그 당부는 절대로 지켜질 수 없습니다. 좋아하는 마음이 절정에 달했기에 결혼한다면, 그 다음은 내리막길밖에 없으니까요. 결혼은, '사랑'을 살아가는 것입니다. 때로는 좋아하는 마음보다 미운 마음이 커지는 것 같아도, 이미 깊어진 좋아하는 마음이 그 미운 상대방을 위해 나를 죽일수 있도록 돕는 것입니다. 결코 쉽지 않죠. 신의 사랑을 인간이 흉내내는 것은 본질을 역행하는 차원의 이야기입니다. 정말 어머니들이 아니면 쉽지 않습니다. 옛날 어르신들이 그랬던 것처럼, 결혼 후 상대방에게 불만이 있어도 꾹 참고 살라는 얘기가 아닙니다. 억지로 참고 같이 살 바엔 빨리 헤어져야 됩니다.

🔒 사랑을 지속하는 기술

> " 아름다움은 찾아내는 사람에게만
> 누리도록 허락되는 축복,
> 사랑을 발견한 마음속에는
> 이미 아름다움이 자리 잡아 "

　낭만적인 사랑의 관계에 있는 이들이라면, 누구든 서로를 처음 사랑에 빠지도록 만들었던 자극이 있습니다. 이 자극은 함께 지내는 동안 익숙해지고, 강도가 약해지게 됩니다. 그것이 외모든 다른 어떤 요소든 '사랑하도록 만들어주었던 매력'이었을 텐데, 시간과 함께 소모되면서 좋아하는 마음도 작아진 것입니다.

　그러니, 사랑의 지속을 바란다면 우리는 첫 번째 자극 외에 추가적으로 상대방을 좋아하게 만들어주는 다른 매력을 탐색해야 합니다. 누구나 공감하고 고개를 끄덕일만한 보편적인 것이어서는 안됩니다. '누구나 사랑하게 될' 새로운 매력을, 나의 연인에게서 찾으려는 시도만큼 어리석은 것도 없습니다. 내가 새롭게 찾아낸 연인의 매력은 나만 알아볼 수 있는 것일 때, 우리들의 사랑은 지속되고, 좋아하는 마음도 깊어지는 것입니다.

'가치'는 원래 발견되는 것입니다. '아름다움'은 찾아내는 사람에게만 누리도록 허락되는 축복입니다. 강이나 바닷가에 사는 사람들은 매일 보는 윤슬조차도, 새로움을 발견하려는 열의와 열린 눈을 가진 사람들에게 매 순간 달리 보이는 것입니다. 바람에 의해 잘게 쪼개진 수만 개의 물 조각들이 갖가지의 색과 빛으로 찬란히 일렁이는 빛의 춤, 이것이 어떤 사람들에게는 무수한 걱정과 고민거리들의 눈부심에 불과할 수도 있습니다. 하지만 윤슬을 향해 깊어진 좋아하는 마음을 가진 사람들에게는 더없는 신비와 환희의 축제인 것이죠.

그러니, 진짜 사랑의 길로 가기 위해 좋아하는 마음을 키우고, 사랑을 지속하려면, 우리 자신의 마음을 잘 알고 있어야 합니다. 삶에 쫓겨 여유라고는 하나도 없는 사람이, 연인에게서 심상 세계의 윤슬을 발견할 도리는 없는 노릇입니다. 하나씩 차근차근, 내가 찾아낸 상대의 매력들이 마력으로 그를 나에게 끌어당기며, 그 사람을 향한 나의 말과 태도를 저절로 달라지게 만들 때, 이러한 관계가 실패할 확률은 점점 줄어들 것입니다.

사랑은 저절로 시작되었던 좋아하는 마음이 깊어진 것입니다. 사랑은 사랑을 발견하며 더 깊이 좋아하는 것입니다. 사랑을 발견하는 사람의 마음속에, 아름다움은 이미 자리 잡고 있습니다.

6

중독에 대해

술 권하는 사회가 새로운 트렌드?

 최근 들어 미디어에 여성이 호스트로 등장하는 예능 프로그램마다 술이 등장하는 장면들이 빠르게 늘어나고 있습니다. 얼마 전에는 여성 세 명이 주인공인 드라마가 인기를 끌었는데, 제목부터 술꾼 여성들이며 마치 그들의 매력은 그들의 엄청난 주량과 비례하는 것처럼 그려졌습니다. 캐릭터 때문인지, 대중들 사이에서도 술을 잘 마시는 여성들이 더 매력적인 것처럼 하나의 트렌드가 되어 버린 듯합니다. 게스트와 술을 마시며 진행하는 토크 유튜브 프로그램의 호스트도 얼마 전에 스무 살이 갓 넘은 여성 래퍼 영지입니다. 여자들에게 또는 여자들끼리 술을 권하는 모습이 흔해져, 어느덧 새로운 '술 권하는 사회'가 되어버렸는지도 모르겠습니다. 이렇게 여성들이 적극적으로 술을 즐길 수 있는 세상이 된 것은, 아마도 예전처럼 여성들에게 억지로 술을 강권했던 난봉꾼들이 사라진 현실을 반영하는 듯 싶어 한편으로는 다행이라는 생각도 듭니다.

시대의 트렌드가 그렇다면, 저도 앞으로 성년이 될 여러분을 위해 술을 잘 마시는 기술이라든지, 좋은 술을 선택하는 방법 같은 것을 알려줘야 할 것 같은데, 안타깝게도 술을 1도 마시지 못하는 사람에게는 불가능한 과제입니다. 관련된 책이나 동영상들이 많이 있으니, 미안하지는 않아요. 어쨌든 술을 안 마셔도 술자리의 친구들보다 잘 노는 1인으로서, 술맛도 술기운도 대체 어떤 것인지 모르지만, 그저 한마디 드립니다. 술을 마셔서 행복할 것 같으면 드시고, 취해서 즐거울 것 같으면 마음껏 취하세요. 다만, 당신이 술을 먹는 것이지 술이 당신을 먹도록 하는 상황에 빠져들지 않아야 합니다. 알콜에 중독되면, 우리의 정신은 더 이상 우리의 것이 아니게 됩니다.

中毒 보다는 addiction

영어로는 '중독'을, 'addiction 애딕션'이라는 단어로 표현합니다. '말'이라는 뜻을 가진 단어 'diction'의 앞에 '더하다'라는 의미를 가진 접두사 'ad(d)'를 붙여, 말에 말을 계속 더한다는 말입니다. 중독이 그런 것이죠. 쿠키 맛에 중독된 어린 아이가 계속 엄마를 향해 쿠키를 찾듯이, 약에 중독된 사람은 계속 약을 찾습니다. 최근 한 방송사 기자가 청년들이 즐기는 강남의 한 클럽에 잠입 취재를 했는데, 밤에서 새벽으로 시간이 흐를수록 공공연하게 주사기를 사용해, 약물을 투여하는 수많은 청년들의 모습이 목격되어, 큰 충격을 주었습니다. 어떤 것에 중독된 사람은, 자신이 중독된 대상을 맹목적으로 소비하기 위해 점점 대담해지는데, 그렇게 이성은 마비되는 것입니다.

우리가 사용하는 한자어 '중독中毒'을 풀어 이해해 보면, '독毒의 한 가운데中 들어가 있다'는 뜻입니다. 부정적인 의미에 집중되어 있어, 영어 표현에 비해 범위가 제한적이라 개인적으로는 아쉬운 단어입니다. 비록 우리가 일반적으로 떠올리는 중독이 알콜이나, 마약, 설탕, 탄수화물, 폭력 등과 같이 나쁜 것들과 대부분 연관되지만, 운동이나 취미에 중독될 수도 있고, 다른 사람을 돕고 구제하는 일에 중독될 수도 있기에 중독이라는 단어가 가진 포괄적인 의미를 제대로 표현하는 데는 영어 단어 'addiciti on'이 훨씬 더 유용해 보입니다. '선한 일에 중독되었다'라는 말은 그것 자체로 모순이니까요. addiction은, 좋은 것이든 나쁜 것이든 무엇에 중독된 사람에게서 보여지는 공통된 행동 양상인, '반복적으로 어떤 대상이나 행위를 찾는' 모습을 구체적으로 보여주면서, 동시에 가치 중립적인 단어이기 때문입니다. 특히, diction, 즉 부르는 것, 말하기는, '언령言靈'적 성격을 유감없이 드러냅니다.

중독의 비밀은 '말'

언령은, 우리 말에는 없는 단어입니다. 일본어로 고토다마言靈라고 부르는 일종의 주술적 신앙 요소로, 말에 깃들인 신령하고 불가사의한 힘을 가리키는 말입니다. 여러분도 가끔 친구들을 향해 "재수없는 소리하지 마"라고 하듯, 어떤 일이 말의 힘에 의해 영향을 받는다고 믿는 것입니다. 우리말로는 원래 존재하지 않는 단어지만, 실제로는 우리들도 언령과 같은 신비한 힘을 믿습니다. 대중가요 〈말하는 대로〉의 가사는 '내일 뭐하지' 걱정하며 잠들던 스무 살 시절로부터 조금씩 성장하며, '내일 뭘 할지' 꿈꾸면서, 말하는 대로, 마음먹은 대로, 생각한 대로 할 수 있다는 작은 깨달음을 노래하고 있습니다.

그러니, 지금 여러분이 친구들과 만나 계속 말하는 것들이 여러분의 삶을 주도하게 될 지도 모릅니다. 매일같이 친구들에게 아이돌에 대한 얘기를 나누던 사람이 결국 방송국 스탭이 될 수도 있고, 지구 온난화와 환경 오염을 늘 걱정하는 친구는 비정부기관에서 일하게 될 지도 모릅니다. 옷과 화장으로 어떻게 하면 더 매력적인 외모를 가꿀 것인가가 대화와 생각의 중심에 있다면, 보통 그런 친구들이 화장도 잘하고 옷도 참 잘 입습니다. 말하고, 또 말하며 우리는 그것에 중독되고, 그것과 함께 살아가는 것입니다. 그러니, 나쁜 중독으로부터 벗어나고, 좋은 중독을 나의 삶에 일으키는 비밀은 '말'에 있습니다.

선한 것에 중독되는 기술

> 조바심내지 말고 선한 일에 중독되게 하는 힘,
> 시간을 도둑맞지 않은 모모의 비밀은
> '느리게 걷는 것'

독 속에서 즐거움 속으로, 中毒 아닌 中樂!

나쁜 중독을 벗어나는 것도 말에서 시작합니다. 니코틴에 중독된 사람은 스트레스 상황이 올 때, 먼저 '담배'라는 단어를 떠올리고, 순차적으로 그것의 맛과, 연기를 뿜어낼 때의 쾌락을 떠올리게 됩니다. '담배'라는 화제를 말과 생각 속에서 지우는 것은 어렵기에, 대신 '담배'를 생각하는 순간이 올 때마다 '니코틴 패치' 같은 단어를 정해 놓고, 함께 떠올리는 것이죠. 그리고, '담배'와 함께 떠올린 '니코틴 패치'라는 단어만, 말의 형태로 꺼내는 습관을 갖는 것입니다. 나쁜 중독을 벗어나는 일은 정말 어렵지만, 생각보다 언령의 힘도 매우 큽니다. '담배'를 화제에서 줄이고, '니코틴 패치'를 많이 말하기만 해도 자신의 의지를 새롭게 하면서, 중독 행동 교정을 선택하기 쉽게 만들어줍니다. 거기에 덧붙여,

스트레스를 해소할 수 있는, 새롭고 건강한 다른 중독 대상을 찾는 노력이 있다면 더 좋을 것입니다. 저는 술을 먹지 않지만, 만약 제가 알콜 중독의 교정을 원했다면, '소주'라는 단어가 생각날 때마다, 친구들에게 '당구'를 치자고 할 것 같네요.

제가 술을 전혀 못 마신다는 이야기를 접하는 사회 선배들은 "인생을 무슨 재미로 사느냐"고 자주 묻습니다. 저희 아버지도 비슷한 말씀을 하셨습니다. 아버지는 식도암 3.5기 진단을 받으셨는데, 그 힘든 항암과 방사선 치료를 잘 견뎌내시고, 정상적인 식사가 가능해지게 되자, 제일 먼저 찾으신 것이 '이슬'맛 나는 술이었습니다. 모든 가족이, 이제 막 암 치료를 끝낸 분이 왜 술을 드시냐, 정말로 돌아가시려고 그러시냐고 말렸는데 아버지는, "술을 못 마실 거면 왜 살아야 되느냐, 이거 마시려고 치료 과정을 버텼다"고 항변하셨죠. 당시 정말 기가 찬 말씀이었는데, 이제는 고인이 되셨으니, 생전에 술이라도 원없이 드셔서 다행이라는 생각도 듭니다. 어쨌든, 저는, 술 대신 다른 것들에 중독되어 보통의 아저씨들보다는 조금 더 즐겁게 살고 있습니다.

운동을 하는 것, 가족들과 맛있는 것을 먹는 것, 노을을 보러 드라이브를 가는 것에 중독되었습니다. 오랜만에 하늘이 멋진 핏빛으로 물들면, 우리 가족은 으레 아빠가 또 나가자 하는 날이겠거니 합니다. 드라마와 영화, 짧은 동영상들과 웹툰 감상에 중독되어 시간을 순삭하기도 하고, 피아노를 치며 노래하는 일에도 중독되었죠. 헤이리와 출판도시에 가서 책을 읽고, 돌아오는 밤에 별을 보는 시간들에 중독되면, 쉽게 벗어날 수가 없습니다. 좋으니 또 반복하게 되고, 반복하면 할 수록 더 재밌는 삶이 펼쳐지는 원리가 addiction 아니겠어요? 그러니, 술을 먹지 않아도, 이미 즐거움이 포화된 중락中樂입니다.

위선의 기준은 행동

여러분은 이런 고민을 해보신 적 있을까요? 여러분 자신의 내면은 순수하게 악하다는 것을 너무 잘 알고 있는데, 사람들에게는 정말 좋은 사람으로 보이고 싶을 때, 매번 '착한 척' 하는 것이, 자기 스스로를 속일 뿐 아니라, 타인에게도 위선과 가식이라는 생각이 차오를 때, 어떻게 해야 할까요?

'위선假善'은 선을 가장하는 것입니다. '가식假飾'은 거짓으로 스스로를 꾸미는 것이구요. 그런데, 많은 양심적인 사람들은 본성에 반하는 선한 행동이면 무조건 위선이라 여깁니다. 그래서 죄책감을 느끼죠. 그렇지만, 위선을 판단하는 기준은 '행동'에 있습니다. 위선자들의 진짜 특징은, 말의 선함이 삶의 선함을 이끌지 않는다는 것입니다. 그러니까 선한 행동을 선택하면서, 스스로 위선을 고민하는 것은 사치스런 억지일 뿐이라는 얘기죠.

예를 들어, 어떤 사람이 위선이라는 자책감을 느끼며, 주변 사람들을 향해 좋은 말을 하고 난 뒤, 좋은 사람인 척 '연기'하기 위해, 자신의 말에 부합하는 선한 행동을 했다면, 우리는 그 사람을 위선자라 불러야 할까요? 좋은 사람인 양 말하고 나서, 그 말과 어울리도록 좋은 사람인 양 '선한 행동'하기를 반복한다면, 그 사람은 정말로 이미 '선한 삶'에 중독되어 있는 것입니다. '좋은 사람'을 연기하며, 자신뿐 아니라 모두를 속인다고 생각하고 있지만, 선에 중독되어 살아가고 있는 사람은 '선'을 벗어날 방법이 없습니다.

게다가, 좋은 사람을 연기하다 보면, 부가적인 중독이 수반되는데, 그것은 바로 '찬사 중독'입니다. 우리가 반복적으로 좋은 말과 선한 행동을 지속한다면, 타인들은 우리의 선함을 향해 진심으로 칭찬을 건넬 것입니다. 고래마저 춤추게 하는 그 칭찬은 짜릿한 중독성이 있습니다. 반려 동물의 행동을 교정할 때, 벌과 위협이 아니라 칭찬과 간식으로 하는 것은, 고쳐진 좋은 태도를 습관으로 바꿔, 지속 가능하게 하는 힘이 있기 때문입니다. 중독은 행동을 반복하게 하고, 칭찬에 중독되면, '칭찬받을 행동'을 내려 놓지 못하게 되죠. 그러므로, 혹시 여러분이 '나쁜 독 안에 들어가 있는(中毒)' 상태에 있다면, 쿨하게 인정하고 그 중독 대상 대신, 다른 좋은 것, 건강하게 즐거움을 주는 것들로 그 자리를 채워 넣을 수 있기를 바랍니다. 빨리 바꾸지 않아도 괜찮습니다. 결국 좋은 것에 중독되는 일도 시간을 필요로 하니까요.

빨리빨리 중독을 벗어나 느리게 걷기

우리는 속도에 중독되어 있습니다. 모든 것을 빨리빨리

하지 않으면, 불안합니다. 심지어 '빨리 하지 않아도 괜찮다'는 어른들의 지혜를 더 빨리 이해하려고 그러는 것인지, 더 빠르게 시행착오를 경험하려고 듭니다. 그것도 나름대로 괜찮아 보입니다만, 저는 우리 생활 속에 자리잡은 모든 부정적인 중독으로부터 이겨낼 수 있는 힘을 주는 것은, '여유'가 넘치는 삶의 태도라고 믿습니다. 여유가 없는 사람들이 급하고, 급한 사람들은 낮은 자존감에 중독되어 있습니다. 빨리빨리를 끊임없이 외치는 이러한 속도의 중독에 대항하는 방법은 그것을 정면으로 마주하는 '여유'입니다. 반복에 지친 우리들에게 '쉼'을 주는 것이죠.

산의 정상을 향해 오르다보면, 그것을 오르는 이유를 종종 혼동할 때가 있습니다. 우리가 정상을 오르는 것은 목표이지 목적이 아닙니다. 정상을 목표로 해서 가는 길의 모든 풍경들, 그 안에 있는 신선한 공기, 아름다운 새와 꽃을 누리고, 함께 하는 사람들과 건강하게 소통하며 살아가는 것이 목적인 것이죠. 중간에 힘이 빠져 돌아선 사람은 목표를 놓치긴 했지만, 목적을 버린 것은 아닙니다. '좋은 중독'에 빠지는 일은, 그 과정이 즐겁기 때문에, 애써 빨리 달성

하려고 조바심 내지 않아도 즐거움을 줄 것입니다.

회색 신사들로부터 유일하게 시간을 도둑맞지 않는 모모의 비밀은 '느리게 걷는 것'이었습니다.

7
싸움의 기술에 대해

갈등은 걸림돌일까, 디딤돌일까?

우리는 가끔 우리 자신조차 무엇을 원하는지 정확하게 알지 못해서, 정반대의 생각들이 마음속에서 서로 부딪히곤 합니다. 이것을 내적 갈등이라고 부르죠. 한 사람의 내면에도 이렇게 다른 생각이 충돌하는데, 서로 다른 사람들이 모여 이룬 조직이나 집단 내에 다툼과 갈등이 없을 수 없습니다. 그리고, 구성원들의 생각이 서로 완벽하게 일치하고 조화를 이루는 조직은 있을 수 없으며, 있어서도 안 됩니다. 그것은 하나의 방향으로 사고할 것을 강요하는 모순된 획일 사회의 특징일 뿐입니다. 획일화된 조직에 속한 구성원들은 사람으로서가 아니라 도구로서의 쓸모로 평가됩니다. 이 세상의 모든 정상적인 조직에는 갈등이 존재합니다. 그러니, 갈등은 자연스러운 것입니다.

갈등이 자연스러운 것이라고 해서, 매 순간 구성원들 사이에서 다툼이나 갈등이 일어나야 한다는 말은 아닙니다. 어떤 갈등은 개인을 성장시키고 조직의 혁신을 가져오지만, 또 어떤 갈등은 개인을 죽이고, 나아가 조직 전체를 파괴합니다. 우리는 부정적인 갈등 상황에 대처하는 방법, 싸움을 지혜롭게 이끄는 기술을 알아야 하고, 이것을 통해 사람과 조직을 살리는 것입니다. 모든 사람에게 보편적인 싸움의 요령이 아니라, 소녀들이 알고 있어야 할 갈등 관리 기술 몇 가지를 말씀드리려고 합니다. 이 책을 펴는 목적이 그것이니까요.

학교 내 갈등, 도와줄 어른들이 사라진다

여러분 대다수는 아마도 학생들이겠죠. 학교라는 조직의 구성원입니다. 제가 어렸을 때, 학교생활은 선생님이 가장 중요했습니다. 무서운 선생님인지, 아이들을 때리는 사람인지, 아니면 이해심이 많고 유머 감각이 있는 선생님인지, 그날 하루 긴장의 양은 시간표를 통해 결정되었습니다. 그런데, 요즘 학교에서는 선생님이 엑스트라가 되어버린 것으로 보입니다. 문제 학생을 불러 따로 지도했더니, 학부모가 찾아와 자기 아이 망신을 줬다고 교사에게 항의와 폭언을 했다고 합니다. 실습 시간에 학생이 손을 다친 일을 트집 잡아, 초임 교사를 괴롭히고 협박해 장기간에 걸쳐 돈을 뜯어낸 부모의 이야기도 있습니다. 해당 선생님이 그 일로 극단적 선택을 하고 말았다는 소식에 많은 사람이 더 큰 충격을 받았습니다. 학생들이 교사를 때리는 사례도 끊이지 않습니다. 그러니, 사람의 도리와 바른길을 가르쳐야 할 교육 현장에서, 선생님으로부터 아이들이 갈등을 어떻게 관리하고 싸움을 중재하는지 그 방법을 배우는 것조차 쉽지 않아졌습니다.

교육의 본분은 학생에게 인간의 도리를 가르쳐주고, 그들을, 선한 양심을 가진 협력하는 시민으로 길러내는 것입니다. 지식을 주입해서 학력을 높이고, 상급 학교에 보내는 일보다 천 배만 배 중요한 것입니다. 그런데, 학생들의 싸움을 말리던 교사가 아동 학대로 고소를 당하고, 수업 시간에 선생님을 때린 학생이 상담실로 가서 또 다른 교사를 폭행하는 일이 일어나고 있을 정도로, 우리나라 학교에서의 갈등 관리는 엉망진창이 되어버렸습니다. 언제든 여러분을 둘러싼 갈등이 생길 때, 선생님이 적극적으로 개입할 수 없는 구조가 되어가고 있음을 뜻하죠. 누군가와 싸울 일이 절대로 없기를 바라지만, 만약 여러분이 그 진흙탕의 한가운데 놓이게 된다면, 스스로의 힘으로 그 싸움을 감당해야 하는 것입니다.

비겁한 아이들은 비열하게 영리해

아무도 돕지 않을 것이라는 예단이 아닙니다. 스스로의 힘으로 문제를 해결하는 방법들에는 도움을 요청하는 것도 분명히 포함됩니다. 여러분 뿐만 아니라, 많은 사람들이 누군가에게 도와달라고 하는 것은 자신이 스스로 그 일을 해결하지 못하는 것이라고 착각합니다. 도움을 받는 것이 공정하지 못할 때를 제외하고, 모든 도움은 우리들이 가진 문제 해결 능력의 범위에 존재하는 것입니다. 그것을 활용하겠다는 지혜와 용기를 발휘하는 것이 중요하죠.

예를 들어, 여러분이 친구와 팔씨름을 할 때 건장한 삼촌에게 도와달라고 하는 것은 공정하지 못한 것이지만, 여러 명에게 둘러싸여 모욕을 듣고, 심지어 폭행을 당하고 있다면, 도움을 줄 수 있는 타인을 찾는 것이 문제를 해결하기 위한 지혜인 것입니다. 구타를 당하고 있는 여러분을 향해, 당신은 이제부터 운동을 해서, 몇 년 후에 당신을 때린 사람을 직접 찾아가 폭력을 폭력으로 되갚아 주라고 하는 것이 무슨 커다란 의미가 있나요. 뭐, 물론 의미가 아주 없는 것은 아닙니다. 저는 수 년, 아니 그 이상이 걸리더라도 폭력을 행사한 비겁한 사람에게 여러분이 느꼈을 그 공포와 고통의 기억을 언젠가 몸으로 다시 되새겨줄 필요가 있다고 믿는 사람이기는 합니다. 그렇지만, 현실의 여러분은 영화 속의 주인공이 아니죠. 여러분이 몇 년 동안 음식도 가려 먹어가며, 강도 높고 규칙적인 신체 단련과 근력 향상을 통해 후일의 복수를 꾀할 정도의 강한 의지를 가진 사람이라면, 애초에 따돌림이나 폭력의 대상이 되지 않았을 가능성이 큽니다. 다른 사람에게 폭력을 행사하는 비겁한 아이들은 비열하게 영리합니다. 그들은 본능적으로 의지가 굳은 사람을 필터링하는 능력을 갖고 있습니다.

갈등 관리의 기술

> 갈등이 지나간 자리에 경험하는 성숙,
> 턱걸이의 시작은 철봉에 매달리는 것부터

갈등에 작용하는 힘의 방향

갈등 상황을 이미지화하면, '힘'이 특정한 방향으로 작용합니다. 그리고 갈등에 작용하는 힘의 방향에 따라 '다툼'과 '괴롭힘'으로 나눌 수 있습니다.

나와 상대의 의견이 달라 감정이 고조되어, 물리적인 방법으로 머리채를 잡아 뜯든, 아니면 좀더 교양있게 언어로 싸우는 것이든, 서로를 향해 양방향으로 대립하는 힘이 작용하는 상황은 다툼입니다. 승자와 패자가 있죠.

반면에, 괴롭힘은 힘이 일방통행으로 진행합니다. 약한 상대를 괴롭히는 데에서 오는 쾌감, 또는 권력 관계에서 자신의 우위를 즐기기 위해, 가해자가 피해자를 괴롭히는 경우, 힘은 수직 방향으로 작용합니다. 이런 괴롭힘은 '유희'

를 위한 가해라고 볼 수 있습니다. 도파민에 중독되는 것이 죠. 한편, 상대를 괴롭게 만들어, 피해자가 고통받는 상황을 통해, 자신의 열등감을 보상받으려는 괴롭힘이 있습니다. 저는 그것을 '망상 가해'라고 부르는데, 이 경우에는 힘이 수평적으로 일방 통행합니다.

처음부터 아무와 다투지 않는 것은 어떨까요? 누구와도 다툼의 상황을 만들지 않으면, 불편한 일도 미운 사람도 생기지 않을 것 같은데, 그거 좋지 않나요? 하지만, 만약 그 어떤 사람과도 싸우지 않기 위해, 어떤 누구에게도 여러분의 진짜 속마음을 꼭꼭 눌러서 드러내지 않으려고 할 바엔, 차라리 다른 의견과 생각을 거침없이 꺼내놓고 다투는 것이 훨씬 더 의미있습니다. 약자의 목소리는 거의 들리지 않는 법입니다.

자신의 의견과 주장을 분명하게 말하는데도, 누구와도 다툼이 일어나지 않는 사람을, 우리는 '강자'라고 부릅니다. 강자들과 싸우는 것은 희생과 손해, 그리고 확실한 패배가 예상되기 때문에, 그들과 대립하려는 사람은 거의 없죠. 그런데, 만약 여러분이 자신을 냉정하게 평가해 봤을 때 강자가 아닌데도, 누구와도 어떤 갈등조차 없다면, 여러분은 자기 자신이 주인공인 생의 무대에서조차 엑스트라를 자처하며 살아가고 있을지도 모릅니다. 다른 사람들에게 '아, 그 아이, 고등학교 때였나? 같은 반이었는지 옆 반이었는지 확실하지가 않네, 평범했어. 착한 애였지.'라는 회상을 남겨주기 위해 살고 있는 것 같다면, 이제는 싸울 준비를 합시다.

비축한 힘은, 다툼을 차단하는 지혜

여러분이 누군가와 갈등할 때, 여러분이 가진 힘의 크기가 상대방의 것보다 조금이라도 우위에 있으면, 그 싸움은 승리합니다. 붙잡은 머리채를 끝까지 놓지 않고, 상대의 주먹이나 발차기를 한 대라도 더 피하면 됩니다. 소녀들의 싸움에도 힘과 민첩함이 앞선 사람이 승리합니다. 보통은 말다툼에서 끝나는데, 굳이 남자들처럼 근력을 과시해서 힘의 우위를 맞댈 필요가 없기 때문입니다.

말다툼은 논리적으로 주장의 근거를 언변의 형태로 부딪

히는 다른 형태의 힘 싸움입니다. 비슷한 상대와의 몸싸움은 결국 체력이 앞선 사람이 승리하듯이, 말다툼에서도 자신의 주장에 합리적 근거와 명분을 계속 공급할 수 있는 스태미나를 가진 소녀가 최종적인 승자가 됩니다. 이겼다는 사실 때문에 승자가 정의로운 것은 결코 아닙니다. 다툼은 힘의 대결이고, 모든 승자들은 자신이 가진 우월한 힘을 증명하는 것일 뿐입니다. 그러니까 '다툼'이라는 갈등 상황에서의 승리는 힘의 비축에 달려있고, 사전에 힘을 축적한 지혜로운 소녀들에게는 오히려 다툼이 일어나지 않는 것입니다.

아무도 전쟁을 원하지 않지만, 힘이 약하면 전쟁의 소용돌이에 자동으로 휘말리게 된다는 것을 인류 역사는 끊임없이 입증해왔습니다. 그러니, 여러분의 말다툼은, 확률적으로 거의 일어나지 않을 몸싸움과 함께, 인생에서 맞이하게 될 수많은 싸움들을 대비하게 할 시뮬레이션 데이터로 축적될 것이며, 이 경험을 바탕으로 새로운 갈등 상황을 대비하게 할 것입니다. 역설적으로 들리겠지만, 많이 싸워 본 사람이 잘 싸우는 법이며, 몸싸움이든 말다툼이든, 싸울 준비가 잘 된 사람들에게는, 싸움을 걸어오는 사람들이 사라지게 됩니다. 소년들 뿐 아니라, 소녀들에게도 근력과 민첩 운동이, 목소리에 힘을 더하는 노력이, 생각에 논리를 담는 훈련이 필요한 것은, 바로 이 갈등의 대비를 위한 것이며 결국, 잘 싸우기 위해서가 아니라 '싸울 필요가 없게' 만들기 위함입니다.

유희적 가해, 도망치거나 땅을 파거나

괴롭힘이 일어나는 상황은 거의 대비가 불가능합니다. 특히 '유희'로 상대를 괴롭히는 가해자들은, 개인의 노력으로 대비할 수 없는 것들에서 이미 우위에 있기 때문에, 마치 고양이가 쥐를 괴롭히며 장난치는 것처럼, 피해자를 비참하게 만드는 것에 쾌락을 느낍니다. 게다가 자신의 권력에 기생하여 복종하는 추종자들을 늘려서 패거리를 만들기 때문에, 일대 다수의 상황에서 신체적, 정신적으로 대상을 학대합니다. 찍어 누르는 것이죠. 힘의 방향은 위에서 아래로 작용하고 그 크기도 무척 커서, 보통의 소녀들이라면 그 힘에 굴복해 무릎 꿇게 됩니다. 하지만, 이러한 수직으로 찍어 누르는 힘에도 불구하고, 어떻게든 똑바로 서 있고 싶은 본능을 가진 사람들도 있습니다.

위에서 아래를 향하는 강한 힘에 굴복해 무릎을 꿇지 않는 방법은 두 가지입니다. 첫 번째는, 그 힘이 작용하지 않는 곳으로 달려가 서는 것이죠. 우리의 자리 자체를 옮기는 것입니다. 무슨 뜻인지 모르겠나요?

도망치세요! 인간을 포함한 모든 동물은 위협에 맞서거나 도망쳐 왔습니다. 사실, 지구에 살아 남은 동물 대다수는, 포식자들로부터 성공적으로 도망친 종의 후손들입니다. 우리의 유전자는 도망쳐야 할 상황들을 본능적으로 잘 알려줍니다. 사람을 괴롭히는 것을 즐기며, 같은 인간을 향해 포식자 노릇을 하려는 이들로부터 생존하려면, 잘 도망쳐야 합니다. 그것은 비겁하거나 부끄러운 것이 아니며, 안전하고 지혜로운 방법입니다. 여러분이 다니는 학교가 빌런들이 행복한 공간이라면, 학교를 떠나야 합니다. 어떻게든 학교 교육을 받아야 한다는 의무감으로, 매일 반복되는 괴롭힘을 참으며 마음의 병을 얻는 것, 또는 극단적인 선택을 하게 되는 것이야말로 잘못된 것입니다. 도망치라는 단어를 오해하지 마세요. 이 세상으로부터 영원히 도망치라는 것이 아닙니다. 포식자들로부터 도망치는 것은 '생존'을 위한 것입니다. 살기 위해 도망치는 것이죠, 그러니, 도망치세요! 대학을 가고 싶다면, 검정고시를 보면 되고, 돈을 벌어야겠으면, 일을 찾으면 됩니다. 매일 우리들을 죽이려고 하는 곳에서 도망치는 민첩함으로, 어떻게든 행복을 찾아가며, 살 방법을 모색하는 것입니다. 혹시라도, 열심히 도망쳐서 일군 새로운 공간에 다시 인생의 빌런들이 나타난다면, 어떻게 할까요? 또 도망치면 됩니다. 하지만, 그 때쯤이면 여러분도 조금은 성숙했을지도. 어쩌면 도망다니는 생활이 반복되기를 원치 않을 수도 있을겁니다.

도망치지 않고, 유희적 가해를 버티고 선다는 것, 즉 수직 방향의 힘에 굴복해 무릎 꿇지 않는 다른 방법도 있습니다. **몰래 땅을 파고 하반신을 꼿꼿이 세운 채 흙을 덮는 것**입니다. 물론, 실제로 땅을 파는 것은 아니고 비유적으로 드린 말씀이에요. 겉으로는 굴복을 가장하지만, 여러분의 정신, 즉 가장 중요한 부분은 전혀 엎드리지 않음을 뜻하는 것입니다. 아마도 도파민에 중독된 가해자들은, 우리 눈높이가 낮아져, 마치 우리들이 모든 것을 체념하고 굴복한 것 같은 착시를 즐기겠지만, 실제로 우리는 우리 무릎이 조금도 접혀지지 않았음을 가장 잘 알고 있는 것입니다. '와신상담臥薪嘗膽'이라는 고사성어는, '불편한 장작 더미에 몸을 누인 채 쓰디쓴 쓸개를 씹는다.'라는 뜻으로, 마음에 품은 뜻을 이루기 위해, 어떤 역경도 참아낸다는 말입니다. 복수의 결의입니다. 다시 말해, 우리는 오늘 당하는 신체적 고통이나 정서적 스트레스를 언젠가 반드시 되갚아 줄 복수의 날을 스스로에게 기약하며, 버티고 서는 것입니다. 대개 그런 나쁜 자들은 우리들에 의해서가 아니라도 죗값을 받습니다만, 여러분의 의지가 꺾이지 않고, 굴하지 않는 눈을 가진 당당한 어른으로 건강하게 성장하기만 해도, 이미 복수는 이뤄진 것입니다. 언젠가 미래에 여러분을 그렇게 강하게 눌러댔던 그 힘이, 사실은 별것 아니었음을 틀림없이 깨닫게 되는 순간이 오게 됩니다.

망상적 가해, 몸을 살짝 돌려 흘려 보내기

마지막 갈등은 '망상'적 가해입니다. 다툼의 경우처럼,

갈등하는 힘이 수평 방향으로 작용하지만, 일방통행한다는 특징을 갖고 있습니다. 대개 질투에서 시작한 미움이 갈등의 원인이며, 그 질투는 '열등감'으로부터 촉발됩니다. 즉 어떤 사람에 대한 열등감이 부정적인 질투심을 형성해서, 적극적으로 그 사람을 미워하도록 만들고, 그 사람이 자신에게 아무런 일을 한 것이 없는데도 불구하고, 그 사람을 향해 적극적으로 적대하는 것이죠. 정리하자면, 망상으로부터 빚어지는 일입니다. 예를 들어, 어떤 선생님이 학생 A를 예뻐한다는 이유 하나만으로, 노골적으로 A를 미워하며, A에 대한 거짓말까지 지어내서 퍼뜨리는 사람이 있다면, 바로 그가 망상적 괴롭힘의 가해자인 것입니다.

    망상 가해자들이 여러분을 향해 쏘아 보내는 힘에 대해, 여러분이 더 큰 힘으로 맞받아 치거나, 도망치는 것은 별 효과가 없습니다. 그 힘이 저절로 사라지도록 살짝 몸을 돌리는 것으로 충분합니다. 열등감에 의한 망상으로 갈등을 유발하는 사람에게 적극적으로 대응하는 것은 의미 없는 일입니다. 그저, 언젠가 그 사람의 마음에 여유가 찾아와, 여러분을 포함한 주변 사람들을 향한 적대가 잦아들기를 바라며, 무시하면 되며, 그것으로 충분합니다. 허파와 볼에 공기를 아무리 가득 채워서, 힘차게 내뱉는다 해도, 살짝 옮겨 둔 촛불을 꺼뜨릴 수는 없는 것입니다.

갈등이 지나간 자리에 피는 꽃!

소녀 시절에 여러분이 만나는 사람들은 정말 중요합니다. 그렇지만, 그들 중 대부분은 살아가면서 다시 못 만날 것이며, 천천히 잊혀지게 됩니다. 의미가 사라지게 될 사람들과의 갈등에 굳이 의미를 부여하지 않고, 여러분 스스로를 가장 소중하게 여기며 살기 바랍니다. 대부분의 사람들은 갈등이 지나간 뒤에 성장을 경험합니다. 그리고, 어떤 갈등은 누군가에게 반드시 도움을 청해야 하는 것들도 있습니다. 혼자서 모든 것을 해결하려 하지 말고, 사람들을 이해하며 소통하는 힘을 쌓아나가기를 바랍니다.

철봉에 매달릴 줄 알아야 턱걸이를 할 수 있기 때문입니다.

8

MBTI,
나와 너의 소통에 대해

사랑의 열병을 앓게 하는 앎

1993년에 출간된 유홍준의 《나의 문화유산답사기》 서문에는 정말 멋진 문장이 나옵니다. "사랑하면 알게 되고, 알면 보이나니, 그때 보이는 것은 전과 같지 않으리라." 당시 대학교 3학년이었던 저를 포함하여, 많은 사람이 이 문장과 본문을 통해, 우리 전통 유산과 건축의 아름다움에 대해 새로운 눈을 떴던 기억이 지금도 선명합니다. 이 문장은 원래, 조선 정조 시대 문인 유한준의, "알게 되면 진실로 사랑하게 되고, 사랑하면 진실로 보게 되며, 보면 모으게 되는데, 이는 단순히 모으기만 하는 것이 아니다 知則爲眞愛 愛則爲眞看 看則畜之而非徒畜也."를 원문으로 하고 있습니다. 어떤 대상에 대한 앎의 깊이가 깊을수록, 더 큰 애정을 느끼게 되고, 계속 더 알기 위해 그 대상을 곁에 두려고 한다는 의미죠. '사랑'이 먼저인지 '아는 것'이 먼저인지, 따질 필요가 없습니다. 여러분은 실제로 둘 다 평생 경험하며 살아가게 될테니까요.

하늘, 그리고 우주는 먼 옛날부터 신비스러운 미지의 영역이었습니다. 많은 사람들은 두려워했지만, 그중에서 별과 그 반짝임을 사랑하는 사람들이 나타났습니다. 그리고, 그들이 별을 관찰하며 별의 특징과 움직임, 그 주위의 영역들에 대해 더 깊이 알게 되었죠. 별과 별을 둘러싼 공간들에 대해 더 깊이 알게 될수록, 지구가 우주의 중심이 아니며, 태양 주위를 공전하며 움직이고 있다는 것도 알게 되었습니다. 그 사실이 그들의 별에 대한 사랑을 약해지게 했을까요? 천만에요. 그들 뿐 아니라 점점 더 많은 사람들이 별을 사랑하게 되었고, 더 많이 알고 더 깊이 이해할수록, 더욱 더 사랑하게 되었습니다. 그리고, 우리는 그들 덕분에 별을 바라보는 것이 전과 같지 않게 되었죠. 어떤 대상을 사랑하고 그 이해가 깊어질수록, 자기 자신을 발견하고 변화하게 되는 원리는, 이렇게 전 우주에 걸쳐 작용하고 있습니다.

앎과 모름 사이 다름!

사람들이 잘 알고 있다고 믿는 것은 자기 자신이며, 알고 싶다고 생각하는 것은 '타인의 마음'입니다. 그렇기에, 자기 자신을 알려고 하지 않으면서, 다른 사람의 마음을 알기 위해서는 여러 가지 노력을 기울이죠. 하지만, 다른 사람을 진정으로 이해하려면, 스스로를 깊이 알고, 그것을 바탕으로 자기 자신에 대한 사랑을 깊게 하는 것에서부터 출발해야 합니다. 소크라테스는 '내가 무지하다는 것을 아는 것'에서부터 앎이 시작된다고 말했습니다. 많은 사람이 소통에 실패하는 이유가 바로 거기에 있습니다. 자기 자신에 대한 확신과 사랑이 결핍된 사람이, 남의 생각을 이해하게 된들 무슨 소용이 있을까요? 타인과 원활하게 소통하고 그들의 마음을 이해하는 일은, 결국 우리가 우리 자신을 더 사랑하기 위한 것 아닌가요. 특히, 사람들 사이에 얼마나 많은 '다름'이 존재하는지 이해하지 않으면, 언제나 이 세상은 이해할 수 없는 대상으로 남게 될 뿐입니다.

유홍준의 책과 함께, 30년 전으로 거슬러 올라가는 기억 하나가 더 있는데, 그것은 MBTI 심리 검사를 처음 받았던 날입니다. 당시 저를 포함한 백여 명의 청년들이 대상자였고, 우리는 심리 유형 검사지를 채점한 후, 비슷한 성향의 사람들끼리 묶어

조별 과제 같은 것을 진행했습니다. 같은 조에 포함된 구성원들끼리는 과제에 대한 접근 방식이나 태도가 너무나 유사했던 반면, 다른 조는 너무 달라 참여했던 많은 청년들이 놀라고 신기해했습니다. 나와는 너무 달랐던 타인들에 대한 불만 가득한 편견을 무너뜨리게 된 것도 그 날이었습니다.

MBTI는 솔직한 고백의 과학

MBTI는 검사 모델을 개발한 모녀 Myers와 Briggs의 이름에서 머리글자를 딴, 성격 유형Type 지표Indicator 검사입니다. 정신분석학자 칼 융의 이론을 바탕으로 설계되었는데, 에너지의 방향에 따라 외향적(E)인지, 내향적(I)인지를, 대상을 인식하는 방식에 따라 감각(S) 중심인지, 본능(N) 중심인지를, 판단의 근거에 따라 정서적(F)인지, 이성적(T)인지를, 선호하는 생활패턴에 따라 판단(J) 중심인지, 인식(P) 중심인지를 구분하여, 사람의 성향을 16가지로 구분하게 됩니다. 아마 여러분과 같은 소녀들 중에서도 이미 전문가 수준으로 MBTI 성향별 특징에 대해 잘 알고 계시는 분들도 있을 것입니다. 그래서, ISTP나 ENFJ 같은 유형 지표 단어들만 듣고도, 그 사람이 어떤 것을 좋아하고, 어떤 방식으로 생활하는지 바로바로 유추해 낼 정도이죠. 정말이지, MBTI 검사를 통해 나뉘는 성격 유형에 대해, 우리나라 사람들만큼 많이 아는 나라는 찾기 어려울 것입니다.

MBTI 검사는 꽤 정확합니다. 자기 보고형 검사의 특성상, 테스트지에 솔직하게 답할수록 더욱 정확합니다. 그러니, 검사가 끝나고 나서 자신이 속한 동일한 성격 유형의 사람들의 행동 방식이, 자신과 너무 똑같다며 호들갑을 떨 이유가 전혀 없습니다. 본인 스스로 '타인의 이목을 끄는 일을 좋아한다'라는 항목에 ○를 체크하고 ENFP 판정을 받고선, ENFP 성향을 가진 사람들의 특징이 '남의 관심을 즐긴다'라는 심리 분석지를 보며, 놀라지 말라는 얘기입니다.

개인적으로 MBTI 심리 검사가 더 매력적인 것은, 검사 모델을 개발한 모녀 Myers와 Briggs 두 사람 모두 심리학의 전문가가 아니었다는 사실입니다. 그들이 정신 분석학에 관심을 가진 사람들임에 틀림없지만, 전문직으로 구분하자면 작가에 가깝지, 심리학자나 심리 상담가조차 아니었습니다. 그렇기 때문에 과학의 범주에서 의미가 없다거나, 사람의 성격 유형을 지나치게 단순화시켜 중간적인 유형을 허용하지 않는다거나 등의 많은 비판을 받습니다. 저는 그게 그리 큰 문제는 아니라고 생각합니다.

좋아하는 것이 다르니까 성격이 다르다

　MBTI 검사는 법칙을 발견하는 과학의 도구가 아니라, 사람을 이해하는 위한 수많은 보조 수단들 중 하나일 뿐이기 때문입니다. 그리고, 비교적 단순한데다가 직관적이어서 에너지의 방향이나, 판단을 내리는 방식에 있어 전혀 다른 성향의 사람들이, 상대방의 다름을 쉽게 알아보고 그들을 이해할 수 있게 도와줍니다. 지금은 MBTI 검사가 대중적으로 많이 알려져 있지만, 30년 전 이십대 초반의 제가 이 검사를 받을 수 있었던 것은 큰 행운이었습니다. MBTI 심리 검사를 받기 전까지만 해도, 저는 만 원짜리 지폐를 정리하면서, 세종대왕의 초상이 앞면 오른쪽에 오도록 정돈하지 않는 사람들을 보며 짜증을 냈습니다. 마찬가지로, 친구가 자기 하숙집에 찾아오라며 슥슥 그려준 약도의 허술한 디테일에는 화가 치밀었죠. 그런데, 이 검사를 통해 저는 현실적이고, 감각적(S)으로 세상을 인식하고, 즉흥적인 인식보다는 미리 계획하며 판단(J)하기 때문에, 지폐나 이불을 깔끔하게 정돈하고, 지도에 축척까지 맞춰 상세한 디테일을 그려 넣는 것을 '선호'하는 사람임을 알게 되었습니다. 그리고, 다른 사람의 다른 인식과 행동에 저의 기준을 강요하는 것이 얼마나 잘못된 것인지 깨달았죠. 각자가 좋아하는 것이 달라, 각각의 다른 성격이 만들어지는 원리를 알게되고, 그것을 통해 나 자신에 대해 더 깊이 알게 되면서, 저절로 타인의 다름을 인정하게 되었습니다.

그러므로, 타인의 마음이나 행동의 배경을 이해하고, 마음을 터놓고 소통하도록 하는 수단으로서 MBTI 심리 검사를 활용하는 것은 좋은 방법입니다. 하지만, MBTI가 자기 고백 유형의 테스트라는 사실을 항상 염두에 두어야 합니다. 철자 네 개로 조합을 이룬 MBTI 성격 유형이 그 사람을 완벽하게 설명할 수 있다고 맹신하면 안 됩니다. 우리들이 우리 자신과 타인에 대한 성격 유형 검사를 반가워하는 이유는, 사람을 이해하는데 편리하다는 것 그 이상도 이하도 아닙니다. MBTI는 그 사람을 판단하는 기준이 아니라, 그의 성향이나 선호를 이해하는 보조 수단, 딱 그것입니다.

뛰는 성격 위에 나는 인격

현실에서는 성격 유형으로 분류되지 않는 상황들이 얼마든지 있습니다. 문제적인 사람들이 갈등을 일으키는 상황에서, 그들의 성격 유형을 분석해 늘어놓고, 무작정 이해와 용납을 요구하는 것은 어리석은 강요입니다. 예를 들어, 누군가가 여러분을 아무 조건없이 도와줬다고 합시다. 그런데 여러분이 그 사람이 베푼 호의를 권리로 착각하고, 앞으로도 그가 도와줄 것이 당연하다고 여긴다면, 그것은 심각한 문제입니다. 도와달라는 것은 요구가 아니라 부탁입니다. 그 부탁을 받은 이가 언제나 우리를 도와주고, 심지어 이제 일정한 시간에 맞춰 정기적으로 그 도움을 베풀어 준다고 하더라도, 우리는 그것에 늘 감사하고, 더 더 감사해야 합니다. 도움이 반복되고 그 도움의 횟수가 거듭할수록 우리의 감사하는 마음은 커져야 하는 것이죠. 도움에 감사하는 마음은 결코 무뎌져선 안 됩니다. 그것은 성격이 아니라 인격의 문제인 것입니다.

🔒 사람을 이해하는 기술

❝ MBTI는 소통의 재료,
나와 상대가 달라지는 지점을 포용하는 수단 ❞

사람을 판단하는 기준, 말이 아닌 삶

MBTI는 자기 고백형 심리 검사입니다. 검사지의 문항들에 솔직하게 답한다면, 그 사람이 세상을 인식할 때 감각을 주로 사용하는지, 상황에 대해 감정적으로 접근하는지 대체적으로 알려 주기 때문에, 그가 선호하는 삶의 방식과 성향을 이해하는데 매우 도움됩니다. 그렇지만, 이 사람이 윤리적 이슈에 대해 도덕적인 선택을 할 지, 아니면 부도덕한 선택을 할지는 알 수 없습니다.

말과 삶이 일치하는 사람은 단언컨대 거의 없습니다. 틀림없이 도덕적인 말은 하겠지만, 그가 도덕적 행동을 선택하리라는 보장이 없기 때문에, MBTI 성격 유형을 바탕으로 사람을 판단하고, 그를 신뢰하는 기준으로 삼을 수 없습니다. 그렇기 때문에, 사람을 판단하는 기준은 그의 '행동'

이어야 합니다. 종교인과 직업 윤리의 사례를 들어보겠습니다.

인간이 위대한 것은 스스로가 불완전한 존재임을 인식하고, 불안해한다는 점에 있습니다. 그래서 종교는 불안해하는 사람들에게 삶의 길을 제시하고, 인간을 초월하는 완전한 존재에 다가가 구원을 얻을 수 있는 방법을 밝힌다는 점에서 의미가 있습니다. 그렇지만, 초월적인 존재인 신이나 부처가 인간에게 스스로를 직접 드러내는 경우는 거의 없기 때문에, 종교에서 이뤄지는 대부분의 의식에서 사제나 성직자들이 중재 또는 매개할 수밖에 없게 됩니다. 그 과정에서 잘못된 종교 지도자들은 맹목적 헌신을 강요하며, 신을 사칭해 자신의 욕구를 채우는 경우가 많습니다. 그들은 언제나 좋은 말을 하지만, 그들의 삶은 그 말과 전혀 다른 길로 가는 것입니다. 종교인을 판단하는 기준도 그의 행동입니다.

적당한 필요를 훨씬 넘는 재산을 축적하는 종교인들은 불신자나 다름 없습니다. 신을 섬기는 참된 사제는 이 땅위에서 재산을 축적하지 않습니다. 그들은 구제와 봉사의 삶으로, 하늘에 보물을 쌓는데 집중합니다. 하늘에 보물을 쌓으라고 강론하면서, 정작 자신은 부동산과 금괴를 쌓고 있다면, 그가 신이 아니라 돈의 힘을 믿고 있는 사람임을 반증하는 것입니다. 마찬가지로, 자기가 섬기는 신에 대해 말하면서, 사실은 신조차 자신의 말에 꼼짝못한다고 말하는 종교인이 있다면, 백퍼센트 확률로 불신자일 뿐만 아니라, 그는 신성 모독자입니다. 신의 이름을 이용해 자기 욕망을 이루려는 가짜들은, 그 행동을 통해 뚜렷하게 드러납니다.

판단보다는 따뜻한 시선!

우리는 MBTI를 이용해, 나의 선호와 성향, 다른 사람의 성격을 이해할 수 있습니다. 다른 친구가 수행 발표를 할 때, '간단하게 얘기하면 좋을 것을 왜 이렇게 길고 복잡하게 설명하나?'하며 짜증이 나는 순간에 '아, 저 친구는 저렇게 자세하게 설명하는 것을 좋아하는구나'라고 받아들일 수 있게 합니다. 타인을 이해하면서, 동시에 자기 자신의 성격도 비춰볼 수 있습니다. 그렇기 때문에 MBTI는 소통의 좋은 재료가 됩니다. 각자에게 씌워졌던 선입견을 벗겨내고, 우리와 상대방이 달라지는 지점을 함께 포용하는 것입니다. 그리고, 그들의 선택과 행동을 조금씩 이해할 수 있는 것입니다.

사람을 판단할 때는 여러분이 직접 소통하며 들은 그의 '말'과 '행동'이 바탕이 됩니다. 그렇지만, 언제나 판단이 아니라, 따뜻한 시선이 먼저입니다. 어떤 판단을 내리기 위해서는 그의 행동을 전체적으로 조망할 수 있는 힘을 갖춰야 하기 때문입니다. 그러므로 우리는 우리와 떨어져 있는 사람을 판단하며, 재단하고 있기보다 그에게 다가가서 소통하는 편이 훨씬 좋은 것입니다. 시인 임태주는 '스웨터가 따뜻한 이유는 털실의 보푸라기들이 틈 사이사이에 온기를 붙들고 있기 때문'이라고 노래했습니다.

사실 우리 대부분은 생후 첫돌 무렵을 전후로, 넘어지고 다시 일어나는 일을 반복하며, 수많은 실패들을 재료로 첫걸음을 주조했습니다. 그것은 MBTI로 나뉘지 않는, 모든 사람이 공유하는 성장 경험입니다. 여러분의 주변에는 여러분에게 자기의 시간을 나눠주며, 여러분을 이해하려고 노력하는, 칭찬과 격려로 여러분이 걷기를 인내하며 기다리는 사람들이 있습니다. 이미 걷는 법을 알고 있는 소녀들이, 원하는 방향으로 걸어갈 수 있도록 여러분의 MBTI만이 아니라 존재 자체를 사랑하고, 더 알고, 더욱 사랑하는 사람들이 있습니다.

걸음마 연습을 하는 딸의 곁에서, 작은 '기우뚱'에도 뛰쳐나갈 마음으로 긴장하고 선 아빠들이 있습니다!

소녀/기술

발행일	2023년 11월 22일
저자	차새벽
발행인	김성남
발행처	(주)지필미디어
등록	제312-1997-000043호 (1997년 7월 16일)
주소	경기도 고양시 일산서구 이산포길 282
전화	031-923-4504 **팩스** 031-917-4503
이메일	book@jiphil.co.kr **홈페이지** www.jiphil.co.kr
ISBN	979-11-93187-24-1 03800

ⓒ 차새벽, 2023

이 책의 내용, 사진, 그림 등의 전부나 일부의 무단 복제를 금합니다.
잘못 만들어진 책은 구입하신 곳에서 교환해 드립니다.